**BEWUSSTSEINS**®
**AKADEMIE**

Kristina Hazler

BewusstseinsCoaching 5
Grenzgänge II

B
A

BEWUSSTSEINSCOACHING 5

# Grenzgänge II

Kristina Hazler

1. Auflage

© 2015 BewusstseinsAkademie, Wien

Lektorat: BewusstseinsAkademie, Wien

Umschlaggestaltung: © BewusstseinsAkademie, Wien

Umschlagmotiv: © Pavel Burchenko/shutterstock

Printed in Germany by Amazon Distribution GmbH

ISBN: 978-3-903014-05-3

**www.BewusstseinsAkademie.com**

*Das SelbstErkennen während*

*des Lesens dieses Buches ist nicht*

*zufällig, sondern möglich.*

Jeder neue Tag ist

wie ein Schritt in die Leere ...

bis der Mensch versteht,

fühlt, wahrnimmt und weiss,

dass eine Leere nicht existiert,

dass jeder Tag

neue Möglichkeiten und Chancen,

neue Ausrichtungen und Entscheidungen,

neue Erfahrungen und Situationen

und neue (Lebens)Begegnungen

mit sich bringt.

– Kristina Hazler –

# Inhalt

# VORWORT

Dieses Buch ist der zweite Teil von „Grenzgänge", das als Teil 1 im Band 4 der aufbauenden BewusstseinsCoaching-Reihe erschienen ist. Ich empfehle Ihnen, zuerst den ersten Band zu lesen, bevor Sie sich in den zweiten Teil vertiefen. Die „Grenzgänge" beleuchten verschiedene Arten von Blockaden, die uns unbewusst in Form von inneren Grenzen, energetischen Stauseen und Dämmen, die uns in einer Art künstlicher Welt einsperren, unseren Horizont verengen und das berühmte Hamsterrad am Laufen halten. Und was geschieht in dem Moment, wenn wir uns entscheiden, die blockierten, festgehaltenen, festgefahrenen Energien zu befreien; wenn die Grenzen fallen und die Dämme brechen und die Energie, das Bewusstsein, sich wieder zu bewegen beginnen und in ihren natürlichen Fluss kommen? Worauf sollten wir dabei achten, um uns in liebevoller Achtsamkeit zu uns selbst auf das „Neue", auf das „Fließende" optimal vorzubereiten? Wer kann uns bei solch einem Prozess unterstützen und unterweisen? Können wir es selbst sein? Sind wir fähig, uns selbst zu unterrichten? Und was, wenn uns, trotz all unserer ehrlichen Absichten und Bemühungen, eine Art Depression überkommt und man sich am liebsten einfach irgendwo verkriechen, verstecken würde? Kann man vor sich selbst flüchten? Das Leben bietet einem Menschen täglich, bei jedem einzelnen Schritt, bei jedem Atemzug, den er macht, die Möglichkeit, sich selbst zu erkennen und das eigene Bewusstsein zu transformieren und zu „erheben". Das ist das Wunderbare am Leben. Mit jedem Schritt bekommt man die Chance, immer bewusster zu sein und immer aufs Neue für sich selbst zu entscheiden; sich für sich selbst zu entscheiden.

Alle BewusstseinsCoaching-Bände sind in der Sprache des Herzens geschrieben. So ersuche ich Sie um ein wenig Nachsicht, wenn ich der in den Zeilen beinhalteten Energie und im Subtext enthaltenen Botschaften den Vortritt vor der reglementierten Sprachkorrektur gegeben habe, da diese sie verzerrt hätten.

Ich bedanke mich und wünsche viele bewusste Augenblicke beim Lesen und Erfahren der nachfolgenden Coachings und der BewusstseinsGespräche.

Kristina Hazler

# DAS (ER)LERNEN

*Die letzten Tage hat sich in mir etwas Seltsames abgespielt. Seit unserem letzten Gespräch hatte ich vor allem am Abend Probleme mit dem Atmen. Als würde etwas meine Bronchien beschweren, etwas Dichtes, Zähes, Teeriges oder ein dichter Rauch, der sich jedes Mal mit der Abenddämmerung über mich, meine Brust senkte. Nur durch mühsames und tiefes Einatmen, während ich dabei nach hinten gebeugt war, konnte ich irgendwie durchatmen. Dann wanderte es anschließend in meine Kehle, wo es einen dicken Knoten verursachte, der mich erneut beim Einatmen und Schlucken behinderte. Und so weiter, hin und her. Nichts Angenehmes. Vielleicht wäre ich auch in Panik geraten, hättet ihr mich nicht in den vergangenen Jahren für solche Zustände trainiert und würde ich nicht wissen, dass es etwas ist, das sich in mir aus den Untiefen den Weg, sehr langsam und beschwerlich, an die Oberfläche bahnt. Kaum ein Stückchen nach oben geschafft ... schon wieder ist es dabei, ohnmächtig zurück in die Tiefen zu fallen und mich mitzunehmen, während ich beginne, mich wie ein kleines, hilfloses Kind zu fühlen, das mit seinen fünf Jahren unter dieser „Pechlast" vergraben geblieben ist. Und doch musste der Tag weiter laufen. So versuchte ich, klein oder nicht klein, echt verschüttet oder nur zum Schein, meiner geplanten Tätigkeit nachzukommen. Aber es kam mir so vor,* als würde ich mich in Zeitlupe bewegen. Beim Versuch, sich einzufühlen, reinzuhören, hatte ich das Gefühl, dass mein Gehirn, mein Verstand sich im absoluten Stillstand, in der Nichtbeweglichkeit befinden. Es ging um neue Dinge, die ich mir beibringen bzw. sie zu begreifen, erschließen wollte, damit ich sie anschließend benutzen kann. Eine neue Software, ein Computerprogramm, das mir keiner befohlen hat es zu beherrschen oder anzuwenden, sondern ich selbst wollte es. Und ich dachte, dass es kinderleicht gehen würde. Aber nein! Ich fühlte mich wie in der ersten Klasse, wo meine Mutter versuchte, mir irgendeinen Text der Hausaufgabe in meinen Kopf einzuhämmern und es wollte und wollte nicht rein, während ich selbst immer weniger wusste, was sie von mir eigentlich wollte, und was es eigentlich bedeutete: etwas zu lernen. Wenn es mir nach zwanzig Versuchen endlich doch gelang, etwas von dem unverständlichen und langweiligen Stoff wiederzugeben, war es bei dem einundzwanzigsten Versuch wieder vergessen – aus und vorbei. Anders gesagt: Etwas auswendig zu lernen, diesen Prozess habe ich bis heute nicht verstanden. Es ist doch etwas anderes, den Sinn von etwas zu erfassen und es mit eigenen Worten wiederzugeben, als etwas nachzuplappern, von dem ich keine Ahnung habe. Aber das hatte ich mit der neuen Software so und so nicht vor. Der Sinn war, es verstehen zu lernen, ein wenig damit zu üben und dann anzuwenden. Fertig! Aber nicht diesmal. Irgendwie verstand ich kein einziges Wort aus der Gebrauchsanweisung, wie auch die Worte des netten Herrn, die zu mir aus seinem Lehrvideo strömten. Sie

*sammelten sich wie zum Trotz in meiner Magengrube und ver-*
*anstalteten dort lächerliche, aufblähende, mich schmerzende*
*Tänze. Also ließ ich den ganzen Unterrichtskram und ver-*
*suchte die Sache so anzupacken wie sonst: alleine, ohne Video,*
*ohne Buch, ohne Gebrauchsanweisung, einfach mit dem*
*„Bauernverstand" und dem Herumprobieren. Und? Auch*
*nichts. Ich saß da, wie vor einem verschlossenen Raum, für*
*den man einen passenden Schlüssel, einen Code braucht,*
*um eintreten zu können. Scheinbar besaß ich diese nicht.*
*Egal wie ich mich bemühte, egal was ich auch ausprobierte,*
*es wollte und wollte mich nicht hereinlassen. Egal von wel-*
*cher Seite, mit welchen Vorschlägen ich kam: Es blieb immer*
*vor mir verschleiert, tat nicht das, was ich wollte, wozu ich*
*dieses Programm gekauft hatte. Ich dachte schon, mein Geist*
*gibt gleich den Löffel ab. Fast hatte ich das Gefühl, dass ich*
*das Ding beleidigte – als hätte es das interessiert. Ich dage-*
*gen wurde schrecklich nervös, verstand nicht, warum ich auf*
*einmal so „dumm" war und mich wie ein Erstklässlerin anstell-*
*te, die einen Bleistift in der Hand hält und zum ersten Mal*
*nicht der eigenen Phantasie freien Lauf lassen sollte, sondern*
*einen Buchstaben nach der Vorgabe der Lehrerin nachzuma-*
*len versucht und keine Ahnung hat, ob das, was ich da machte,*
*das Gleiche war, was sie von mir wollte. Es war nicht mehr so*
*wie in der Kindergartenzeit, wo die Erwachsenen über jede*
*Stiftbewegung, über jedes Gekrickelte begeistert waren. Auf*
*einmal war es ernst. Jeder Zug, jede auch so schöne Welle*
*konnte falsch und ungenügend sein und anstelle von Beifall*

*drohten verzogene Gesichter ... wie kann so ein sechsjähriger Kopf verstehen, um was es geht? Okay, okay – irgendwie habe ich mich jetzt zu sehr in eine Erstklässlerin vertieft :) ... egal! ... ob so oder so – ich weiß, mein Zustand der letzten Tage hat etwas mit dem Thema „Lernen" zu tun. Wie siehst du das, was ist deine Meinung dazu?*

Was soll ich sagen? Du hast genau eine Situation beschrieben, in der sich Menschen ab und an befinden. Die einen bewusst, die anderen unbewusst. **Jeder neue Tag ist wie ein Schritt in die Leere – bis der Mensch versteht, dass Leere nicht existiert.** Bis ein Mensch so weit ist, dass er zumindest unbewusst versteht, dass jeder Tag neue Erfahrungen, neue Situationen und neue Begegnungen mit sich bringt, dass jeder Tag unweigerlich mit Unterricht anfängt und auch damit endet, ist es nur verständlich, dass es ihm immer wieder einfach nur reicht.

Wichtig ist jedoch, sich bewusst zu werden, um welche Art von Unterricht es sich handelt und durch was sich der Mensch das Lernen selbst erschwert und unattraktiv macht. Dazu möchte ich ein wenig beschreiben, was ich unter Unterricht oder dem Lernen verstehe und wie sich meiner Meinung nach einige immer mehr vor einem natürlichen Lernprozess und Bewusstwerdungsprozess verschließen.

Der erste Punkt ist, dass viele Leute zum Schluss kamen,

dass das Leben in gewisse Phasen geteilt ist. In der frühen Phase soll der kleine Mensch, das Kind lernen, den ersten Schritt zu tun, den Körper zu bewegen und zu beherrschen und die Regeln dieser Welt zu erfassen und zu befolgen, bis hin zum Aneignen von allem möglichen Wissen, das auf diesem Planeten bis zum heutigen Tage zusammengetragen worden ist und das von verschiedenen Institutionen als allgemein gültig und für offizielles Wissen und Lehrstoff erklärt worden ist. Das Beherrschen dieser überlieferten Theorien und manchen scheinbaren Fakten scheint darüber zu bestimmen, ob ein heutiger Mensch etwas weiß oder nicht. In der slowakischen Sprache, in der wir gerade schreiben, fehlt ein unmittelbares Äquivalent für den deutschen Begriff „Wissen". So ein allgemeiner Begriff fehlt irgendwie in der slowakischen Sprache, aber niemand vermisst ihn. So macht es für mich den Eindruck, dass es auf dieser Seite doch einen kleinen Rahmen für die Freiheit der eigenen Entdeckungen und des eigenen Wissens gibt. Dagegen gibt es im Slowakischen eine Bezeichnung für einen „Weisen", der aber, wörtlich ins Deutsche übersetzt, der „Allwissende" heißt. Was ist all dieses Wissen, das jemanden zu einem „Weisen" macht? Kaum jemand in den slawischen Nationen erwartet, dass so ein „Allwissender" wirklich alles weiß, sprich: alle Universitäten dieser Welt besuchte, alle Prüfungen positiv ablegte, eine Diplomsammlung zu Hause an den Wänden hängen hat und sich mit allen Theorien aller Wissenschaftler auseinandersetzte. Man stellt sich bei diesem „Weisen" wahrscheinlich vor, dass er eigentlich weiß, was hinter alldem ist. Das deutsche Wort „Wissen" weckt dagegen oft den Eindruck, dass es allgemeingültige Informationen gibt, die irgendwo abgespeichert wurden und dass es die Intelligenten eben geschafft haben, sie abzurufen und zu verstehen. Diese Vorstellung wäre gar nicht so verkehrt, wenn dieser Begriff nicht gleichzeitig auch dafür verwendet werden würde, was ein „normaler" Mensch, ein Wissenschaftler oder allwissender Gott weiß. Aus diesem Blickwinkel kann sich ein nach Wissen strebender Mensch, der sieht, was er alles noch nicht weiß, wie viele Bücher er noch nicht gelesen hat, wie viele Schulen er noch nicht besucht hat, nur als ein unbewusster Neandertaler fühlen, da er gleichzeitig versteht, dass er kaum Chancen hat bis zum Ende seines Lebens, egal wie er sich bemühen wird, alles gesammelte Wissen dieser Erde zu lernen. Das „Wissen" in Deutsch ist etwas, was in den Vorstellungen der Menschen sehr stark mit dem Verstand, der Logik, mit den Definitionen und Theorien mit allgemein erforschter Gültigkeit zu tun hat. „Wissen" bedeutet auch, zu wissen, dass sich die Erde zum Beispiel um ihre eigene Achse dreht. „Wissen" ist gleichzeitig auch etwas Mystisches, ein Privileg für Auserwählte und Eingeweihte. Wissen ist auch etwas, was man beweisen, formulieren, aufschreiben und jemandem weitergeben kann. Wenn wir uns also den slawischen „Allwissenden" ansehen, der irgendwie einem indianischen „Ältesten" ähnelt, können wir nachfühlen, dass er seine Weisheit eher auf der

Grundlage dessen erlangte, wer er war und ist, was er war und ist, wie er war und ist; also auf der Grundlage seiner **Fähigkeit des Einsehens** und **der Einsicht**, seiner **Fähigkeit des Fühlens** und **Einfühlens** und der **Fähigkeit zu beobachten** und **zu erkennen**, des **Verstehens** und **Erfassens**. Hier können wir uns vorstellen, dass auf der Grundlage solcher Eigenschaften erlangtes Wissen und/oder Weisheit nur sehr schwer in Form von Definitionen vermittelbar ist. Wenn sie weitergegeben werden könnte, dann kaum durch ein Wort, sondern eher durch die Vermittlung von Erfahrungen oder durch eine Art von Unterricht, der jedoch nicht bereits fertige Ergebnisse und gezogene Schlüsse vermittelt, sondern den Schüler lehrt, die Dinge selbst anzuschauen und ihn in die erwähnte Einsicht, das Einfühlen und Verstehen begleitet, aus dem er eigene Wahrheit, eigene Weisheit gewinnen kann.

*Das bedeutet für mich, dass auf der „slowakischen Fakultät"[1] gegenüber dem deutschen Prinzip die Bildung der eigenen Meinung und eigener Weisheit unterrichtet wird? Kann man sagen, dass in der westlichen Welt alle hinter dem allgemeingültigen Wissen hinterherjagen? Dass es deswegen diese unzähligen Schulungen, Kurse, Zertifizierungen und Prüfungen gibt? Aber Zertifikate, Diplome gibt es doch in der*

---

1    *Hier wird nicht eine slowakische Universität gemeint, sondern, wie in den ersten Kapiteln beschrieben, die Slowakei selbst als bestimmter Archetyp, als eine bestimmte Bühne, eine Fakultät mit einem bestimmten Lehrplan*

*Slowakei auch und sie werden genauso von den Studenten heiß begehrt, weil sie zu etwas berechtigen. Irgendetwas stimmt mir da nicht ganz mit der Unterscheidung!*

Wir dürfen nicht vergessen, auf welcher Ebene wir uns in unseren Gesprächen bewegen. Es geht doch nicht um das Offensichtliche! Wir bewegen uns „backstage", auf der Ebene des Unbewussten. Wir haben schon erwähnt, dass die Sprache im Unbewussten wirkt, aber es ist auch umgekehrt. Das, was irgendwo im Unterbewusstsein als eine Überzeugung abgelegt ist, spiegelt sich in der persönlichen Ausdrucksweise, in der Art zu sprechen und die Sprache zu nutzen. In den vorigen Absätzen habe ich den slowakisch-deutschen sprachlichen Unterschied bei den Begriffen „Weisheit", „Bewusstsein", „Wissen" und „Wissenschaft" aufgezeigt. Warum existiert im Slowakischen keine direkte Übersetzung des Wortes „Wissen"? Wird schon irgendwo den besagten eigenen Sinn und Grund, wie auch eine eigene Wirkung haben. Heute geht es nicht darum, dass die heutigen Slowaken, genauso wie Bürger in anderen Ländern, nach dem offiziell anerkannten Wissen Ausschau halten. Wir haben doch schon über die Einflüsse anderer Welten (hinter den Grenzen), die schon immer da waren und sich gegenseitig beeinflussen, gesprochen. Trotzdem keimt im slowakischen Unterbewusstsein eine Information über eine andere Art von Weisheit und über einen „anderen" Zugang dazu. Selbstverständlich ist es kein ausschließliches slowakisches oder slawisches Thema.

Diese Information befindet sich eigentlich in den Tiefen und dem Geist jedes Menschen. Eher geht es darum, dass es ein „Programm" gibt, dass in gewissen Ländern durch die Sprache einem mehr, einem anderen weniger stark einredet, dass nur allgemein gültiges Wissen existiert. Welches Wissen als Wissen verstanden wird, wird von „Machthabern" bzw. „Möchte-gerne-Wissenshaber-sein" bestimmt. Das bedeutet, dass ein Mensch, der nicht so stark unter dem Einfluss von so einer Art Antiprogramm lebt, eher die Chance hat, während eines schulischen Unterrichts nicht nur den Verstand, sondern auch seine anderen Instrumente, wie die natürliche Logik, das Gefühl, die Einsicht, den Überblick, die Kunst des Wahrnehmens zu benutzen. Dadurch blockiert er sich nicht so stark den Weg zu eigenem, individuellem Verstehen. An einem bestimmten Ort kann zum Beispiel die Überzeugung bei den meisten Einwohnern überwiegen, dass etwas erst dann die Wahrheit ist, wenn es alle gleich sehen, empfinden und verstehen.

Natürlich existiert irgendwo auch so etwas wie die eine Wahrheit – aber das ist nicht etwas, was dem heutigen Menschen möglich ist zu erfassen. Das kann der heutige Mensch nicht ausschließlich mit dem Verstand erkennen und begreifen.

*Das ist klar ... so verstehe ich auch eher den Unterschied zwischen mir und meinem Mann und unsere verschiedenen*

*Herangehensweisen in bestimmten Situationen und damit verbundene Missverständnisse. Obwohl wir uns mit dem gleichen Thema zu beschäftigen scheinen, ist das „Ergebnis" scheinbar verschieden und dann doch nicht. Zum Beispiel wenn ich etwas verstehen will, meine ich damit etwas anderes als mein Mann. Für ihn war früher das Verstehen eher damit verbunden, was ich als Erlernen verstand und für mich war/ist das Verstehen das Erfassen von etwas, was ich sozusagen bis in mein Knochenmark fühlen muss, das mir ins Blut übergeht. Einfach das, bei dem ein Mensch ausruft: „Aha! Jetzt verstehe ich, jetzt weiß ich, um was es geht!"*

Bei dem Ausdruck „ins Blut übergehen" solltest du aufpassen! Es gibt Sonderlinge, die es schafften, ein unlebendiges, übernommenes, altes, versteinertes Wissen so „ins Blut zu übernehmen", dass es sehr schwer ist, sie auch noch über anderen Möglichkeite, Wege, Blickrichtungen oder andere Wahrheiten überhaupt zu informieren.

*Gut. Aber was hat es damit zu tun, dass ich in den letzten Tagen mit der neuen Software nicht weiter kam?*

Gerade das ist die Sache, dass es damit alles aber auch nichts zu tun hat.

Du hast schon am Anfang beschrieben, dass die heutigen Unterrichtsmethoden verlangen, dass die Schüler an der Oberfläche bleiben und nur das vermittelte Ergebnis als ein Fakt, ohne es zu hinterfragen, ohne mitzudenken, übernehmen und das Beigebrachte wie ein Roboter ausüben. Und darin bist du nicht besonders gut. Du brauchst es, immer zum Wesen der Sache vorzudringen. Du brauchst es zu spüren, um es erfassen und verstehen zu können. Selbstverständlich hast du gelernt und es war für dich gar nicht leicht, wie gewisse weltliche, starre Strukturen ticken. Heute kannst du dich in ihnen bewegen, aber schmerzlos ist es kaum. Eine gewisse Erleichterung verschafft es dir, wenn du in dem oder dem eine gewisse, wenn auch verkehrte Logik entdeckst. Dann kannst du dich orientieren, ob die Sache wirklich logisch ist. Es spielt dann nicht so eine große Rolle, ob es nur so scheint. Hauptsache, du findest (d)einen roten Faden innerhalb einer Struktur, dem du folgen kannst. In der heutigen Zeit ist das Problem mit so einer Software, wie auch mit anderen „Programmen", dass solch ein „roter Faden" absichtlich verschleiert, unzugänglich gemacht wird. Ob der Konkurrenz und des Firmengeheimnisses wegen oder aus anderen immer dubioseren Gründen. Warum sollte ein Ottonormalverbraucher die Einsicht hinter die Kulissen haben? Um darauf zu kommen, dass das Programm gar kein besonderer Hokuspokus ist? Dass es möglicherweise gar nicht sein Geld wert ist? Es verkauft sich etwas leichter, was mit einem Geheimnis oder mit dem Geheimnisvollen, dem Rätselhaften, Verschlüsselten, Unerreichbaren, Speziellen und Besonderen umwoben ist.

Und obwohl du kein Laie bist, was Technik, Computer, Elektronik bzw. Programmieren angeht, plötzlich kannst du kein „einfaches" Programm nur „einfach" so benutzen, wie du es dir wünschen würdest. Warum? Weil das Programm so konzipiert ist, dass du an der Oberfläche bleiben sollst. So ein Programm lehrt dich, was du von ihm wollen sollst und wie du das, was du von ihm wollen sollst, auch von ihm bekommst. Und das Programm lehrt dich gleichzeitig auch, wie du es lernen sollst, weil es von Menschen gemacht ist, die zwar Spezialisten für künstliche Programme sind, die aber keine Fachmänner sind, was das Lehren und Unterrichten betrifft. Das bedeutet, dass zum Beispiel ein Lehrvideo so aufgebaut ist, wie der Programmierer selbst gelernt hat zu lernen. Zwei und zwei sind vier, nichts mehr und nichts weniger.

Und weil du so bist, wie du bist, versuchst du solches ein Programm so zu erfassen, wie du sonst das Lebendige erfasst und plötzlich stehst du vor der zugeknallten Tür und weißt nicht weiter. Von einem einfachen Benutzer wird heute nicht erwartet, dass er mitdenkt oder versteht. In der heutigen Zeit des Konsums ist es seine Pflicht zu nutzen, zu konsumieren, zu verbrauchen und das so schnell wie möglich. Als Verbraucher soll er bald von einer Sache gesättigt werden, aber sich dabei einen Hunger auf eine neue beibehalten.

*Irgendwie kommt es mir vor, dass das alles für heute war?*

Ich glaube auch, dass wir heute zu diesem Thema nichts mehr sagen brauchen. Zwischen den Zeilen gibt es noch genug zum (Nach)Lesen :)

# Du bist dein Lehrplan

Lass heute mich anfangen, meine Liebe. Es ist Zeit zu gehen – so sagt man im Volksmund. Warum sagt man es so? Warum bilden sich in der Sprache Redewendungen, die man in gewissen Situationen, ohne viel darüber nachzudenken, benutzt?

Es ist einfach deswegen, weil sie auf immer wiederholender Erfahrung basieren und unbewusst folgt man dann aus dem Bauch heraus einem Impuls, den man mit Hilfe solcher Redewendungen gelernt hat, auszudrücken. Aber was hat das mit dem heutigen Thema zu tun und warum habe ich gleich am Anfang das Wort ergriffen und gleich losgelegt?

Eines ist sicher: Nichts geschieht zufällig und alles hat einen Sinn. Ich werde nicht müde, diese zwei Sätze immer wieder zu wiederholen ... bis sie zu einer Redewendung werden, die sich, ob bewusst oder unbewusst, aus dem Bauch, aus dem Herzen, frei von der Leber oder auch aus dem Kopf heraus, immer wieder einschaltet bzw. zu jedem Zeitpunkt einfach immer da ist. Weil, wenn diese Information – dass nichts zufällig geschieht und alles seinen eigenen Sinn oder einen übergeordneten Sinn hat – im Alltag „in Fleisch und Blut übergeht", wenn es zur Tagesordnung wird – dann können große Veränderungen im menschlichen Bewusstsein passieren.

Wir wollen uns heute noch einmal das Thema Wissen anschauen, das wir gestern auf der „slowakischen" Seite angedeutet haben. Und ich habe mir das Wort gleich zu Beginn genommen, damit gleich am Anfang noch einmal der Sinn von allem betont wird. Das heißt auch: der Sinn von diesen gemischten slowakisch/deutsch-österreichischen, oder slawisch/germanischen, oder östlich/westlichen, oder sozialistisch/kapitalistischen Gesprächen. Wie man sieht: Unterteilungen, Grenzen und damit Bühnen, Spielwiesen bzw. Fakultäten gibt es genug, sowie die sich damit anbietenden Blickwinkel und Vergleichsmöglichkeiten. Ein Mensch lernt auf zweierlei Art – wie wir gestern angedeutet haben. Die eine Art ist, sich das fremde, dargebotene Wissen anzueignen, durch das Einprägen des von jemandem Zusammengefassten, Niedergeschriebenen, Vorgetragenen, Dargestellten und das fast eins zu eins. Man ahmt einen Computer mit einer Festplatte nach. Man versucht, die gewünschten Informationen, möglichst ohne Veränderung, an einer gewissen Stelle so abzuspeichern, dass sie zum richtigen Augenblick möglichst in klarer, unverzerrter Form abrufbar sind. Man unterteilt seinen Speicherplatz in verschiedene Kategorien, Speicherplätze bzw. Ordner, denen man eine bestimmte Eigenschaft zuweist, zum Beispiel den Namen „Alibiwissen" für alle „Daten", die man beispielsweise glaubt, nur einmal für eine Prüfung zu brauchen und dann niemals wieder oder auch, wenn man einen Verdacht hat, dass irgendwelche Informationen nicht ganz stimmig sind, aber im Gespräch mit dem Chef, den Eltern, einem gewissen Freund, der Ehefrau muss man doch immer wieder auf sie zugreifen können, damit diese Personen dann das Gefühl haben, dass man ihnen zugehört bzw. sie ernst genommen hat. Dieser Ordner ist mit dem Untertitel „Nicht ernst nehmen!" gekennzeichnet. Aber man bildet genauso Ordner mit der höchsten Prioritätsstufe, wo man glaubt „wichtige", „immer gültige" Informationen, das sogenannte fix und fertige Wissen abzuspeichern, von dem man denkt, dass es unveränderbar und/oder lebensnotwendig und/oder wissenswert ist. Einfach ein Wissen, das man gern „das Eigene" nennt.

Aus meiner Sicht der Dinge beginnt die Problematik dort, wo man aufhört, den Menschen als einen Computer zu betrachten und wo man über den Rand des starren, endgültigen Wissens bzw. der geglaubten Wahrheit schaut.

Obwohl der Mensch kein Computer ist, versucht er trotzdem die „wichtigen" Informationen in sich, im Kopf, Gehirn, Verstand oder wo auch immer, wie auf einer Festplatte abzuspeichern, damit er immer wieder auf sie zugreifen kann und er tat es schon sogar bevor die Computertechnik überhaupt erfunden worden ist. Was geschieht dabei, wenn der Mensch kein Computer ist, keine Computerfestplatte hat und er trotzdem versucht, sich diese Informationen wie auf einer Festplatte abzuspeichern?

Da kommen wir zu einer weiteren Redewendung: „Der Mensch ist seines Glückes Schmied" bzw. der Mensch ist sein eigener Schöpfer, er gestaltet sich seine eigene Welt selbst.

Ganz einfach. Der Mensch glaubt unbewusst, dass er ein computer- bzw. roboterartiges Wesen ist. Er erschafft sich also eine Art von Festplatte und beginnt dort zu sammeln. Er erschafft sich einfach irgendwo, wo noch freier Platz ist, einen Ordner und beginnt dort, seine unveränderbar geglaubten Wahrheiten zu speichern, auf die er hin und wieder zugreifen will. Aber bis er sie braucht, möchte er am besten von diesen zwar „wichtigen", aber oft lange Zeit „unbrauchbaren" Informationen nicht gestört werden. Und das meine Lieben, das ist ein Vorgang, den ihr mancherorts das Lernen nennt. Ein Vorgang, den ihr versucht, auch euren Kinder beizubringen, weil es sich so „toll" bewährt hat!

Man weiß, in dieser Welt gibt es Momente, in denen man Wissen herbeizaubern, beweisen, Rede und Antwort stehen muss. Für Augenblicke wenn man gefragt wird, soll man so gut wie möglich gewappnet, vorbereitet sein, damit man nicht dumm, nicht mit offenem Mund und Leere im Kopf da steht. Man weiß doch: In der heutigen Gesellschaft ist es wichtig, gute Noten zu bekommen und mit einem gefragten, anerkannten Wissen zu brillieren. Dann kommt man weit. Dann hat man eine gute Grundlage für ein möglichst erfolgreiches Leben, ein Leben auf der „Sonnenseite", geschaffen.

Das zweite Problem beginnt sich dort abzuzeichnen, wenn man bedenkt, dass das Wissen, über das wir jetzt sprechen, also das Festplattenwissen unveränderbar scheint – durch Schulbücher, anerkannte wissenschaftliche Abhandlungen, weltweit als tatsächliche Wahrheit besiegelte Theorien, die durch brauchbare Beweise und wohlklingende Namen untermauert worden sind, wird es zur scheinbaren Tatsache.

Warum ist solches Wissen nicht fix?

Auf welchen Ordner könnte man jetzt zugreifen, um diese Frage zu beantworten? In welchem Notizbuch, auf welcher Internetseite, findet man die Antwort? Wahrscheinlich nirgendwo dort; außer man schaut ganz woanders hin, wie zum Beispiel ich. **Ich habe meine Sicht der Dinge, meine Ansicht, meinen Blickwinkel, mein Wissen – das ich mir aber nirgendwo abgespeichert habe, es aber trotzdem einfach in diesem Moment weiß, so wie ich es weiß. Ich habe in diesem Moment meine eigene Wahrheit zu diesem Thema** – und das ist auch schon alles. Und diese versuche ich auch in diesem Moment mit euch zu teilen bzw. euch meine (An) Sicht zu vermitteln.

Aber zurück zu der Frage: Warum sollte ein Wissen nicht „fix" sein, wo man doch so oft und so gerne über eine einzige Wahrheit, die Wahrheit des Einen oder die göttliche Wahrheit spricht? Aber was, wenn diese eine Wahrheit sagt, dass alles relativ, alles veränderbar, entwickelbar und vom Blickwinkel des Betrachters abhängig ist? Klar, wenn der Eine immer und überall ist, stehen Ihm auch alle Blickwinkel zur Verfügung. Er disponiert über alle Wahrheiten und alle „Relativitäten" und so könnten wir seine „Wahrheit" als die Summe aller möglichen Wahrheiten nennen. Könnten. Aber wie es wirklich ist, das ist ein anderes Thema – SEIN Thema. Wir werden bescheiden und kehren zu uns und zu unserer Welt, zur Logik und Menschlichkeit, zu unseren eigenen, kleinen-großen Wahrheiten und Themen zurück.

Also, wie ich schon sagte, ich vertrete hier die Meinung, **dass jede Information veränderbar, weiter entwickelbar ist. Das heißt, dass jede momentane Wahrheit ausbau- bzw. transformationsfähig ist, weil ...**

**... weil sie vom momentanen Entwicklungsstand des Betrachters abhängt.** Der Irrtum über die fixe, starre, nackte Information – den sogenannten Fakt – ist der irgendwo versteckte Glaube bzw. die Überzeugung, dass zwei Menschen ein und dieselbe Information auf gleiche Weise erfassen, verstehen können.

Im Buch „Erwachen im MenschSein – Das Experiment"[2]

---

2    *„Erwachen im MenschSein – Das Experiment" ist ein Bewusstseinsroman von Kristina Hazler*

treffen zwei Welten aufeinander. Die Welt von Jan, der seit seiner Geburt in abgetrennten, isolierten Bedingungen lebt und es für seine und sogar die einzige Welt hält und dann die Welt von Klara, die eines Tage zu ihm aus der „normalen" Welt zuzieht. Auch wenn sie scheinbar die gleiche Sprache sprechen, die gleichen Worte benutzen, stellt sich bald heraus, dass ihre Sicht der Dinge und damit auch das Verständnis der einzelnen Worte, Informationen und Situationen gänzlich unterschiedlich ist. Das, was der Eine als bedrohlich empfindet, ist für den anderen faszinierend, ein reines Wunder des sich ständig veränderbaren Lebens. Mit der Zeit merkt Klara, dass das, was sie als tatsächliche Gegebenheiten wahrzunehmen lernte und die als solche in ihre Ordner abgespeichert waren und ihr auch nie eingefallen war, diese zu hinterfragen, plötzlich in der Welt von Jan keine Gültigkeit hat. Es erscheint unmöglich, dieses „System" in der Welt hinter der Welt zu nutzen, geschweige denn, es zu vermitteln bzw. die Wichtigkeit dessen zu erläutern. Die Uhr darin scheint nämlich ganz anders zu ticken.

So …!

Was heißt das jetzt für unser Thema? Ein Mensch erschafft sich aufgrund seiner Vorstellungen eine Festplatte und viele Ordner, die es normalerweise nicht gibt und fixiert dort „sein" Wissen, das es in der Form von Natur aus nicht gibt. Was für eine Auswirkung hat das auf den Menschen selbst?

Zuerst einmal beginnt er, sich irgendwo zu bewegen, wo es für ihn nicht natürlich ist. In einer künstlichen Welt, künstlichen Wahrheit, im künstlichen Wissen. Er switcht zwischen dem einem Ordner und der Welt, in der er lebt und bestätigt sich selbst diese Vorgangsweise. Warum auch nicht, wenn die meisten Menschen auf so eine Art funktionieren? Es ist „einfach". Oder besser gesagt: bequem; zu wissen, was man abgespeichert hat, zu wissen, wo und wann man darauf zugreifen kann und was es bewirkt. So ist das Leben auf einmal geordnet durchschaubar, planbar, ohne zu viele Überraschungen, ohne Unvorhersehbares! Aber ...!

Könnt ihr euch erinnern, wie wir über Staudämme gesprochen haben? Über Grenzen, Mauern, die man sich selbst errichtete? Über die Blockaden, die man dadurch verursacht? Weil alles Gestaute einfach gestaut ist (sogar auch durch die verkehrte Logik gesehen). Es fließt nicht. Um so einen Ordner einrichten zu können, müssen Wände, auch wenn nur virtuelle, aufgestellt werden. Ansonsten würden sich die Informationen verlieren. Sie wären nicht am gewünschten Ort sammelbar. Man fürchtet, sie würden sich zerstreuen, in dem Meer von allen anderen Informationen untergehen. Also Stau, sprich eine Blockade nach der anderen, Mauern, die einen natürlichen Energiefluss behindern. Und dann? ... bewegt man sich noch darin! – in diesen Stauseen, im Starren; was keine Veränderung, keine Hinterfragung, keine andere Meinung, Sichtweise zulässt. Wieso sollte sie auch? Warum?

Wenn es so bequem ist. So eine Ordnerwelt aufzubauen, sie Jahrzehnte lang mit den optimalen Informationen zu füttern, wie die heutigen Handys mit den passenden Apps und sich darin noch immer bewegen und orientieren zu können, ist doch eine Heidenarbeit, seit den Kindertagen immer im Aufbau und Umbau befindlich. Ich meine, es ist nicht verwunderlich, dass man sich irgendwann entscheidet, dass man mit der Baustelle fertig ist, genug angesammelt hat und sich endlich einen Urlaub verdient. Man will nichts Neues mehr wissen. Für die Welt, in der man sich angesiedelt hat, ist man mittlerweile doch genug optimiert. Wenn man glaubt, einen Punkt erreicht zu haben, den man anstrebte, wenn man genug für das geglaubte, erhoffte Leben hat, dann ist endlich! Schluss mit dem mühsamen, kategorisierten Lernen! Das Arbeiten, das Geldverdienen, die Familienplanung oder das Genießen reicht dann völlig aus. Das Lernen? Nein, das ist doch für Kinder, für Studenten und für ein paar nicht erwachsen gewordene Fanatiker, Psychopathen oder Wissenschaftler, die es noch mehr, noch besser wissen wollen, die es nicht sein lassen können. Sie sollen es doch tun! Alles, was sie Neues erforschen, wird einem ja so und so gesagt, fertig serviert. Alles Unnötige einfach in ein Ohr reinlassen und aus dem anderen wieder rauslassen. Die Ordner sind bereits übervoll und inzwischen hat man doch schon Schwierigkeiten, die passende Information prompt aus dem selbst angelegten, begrenzten Ordnermeer herauszufischen und manchmal … manchmal – man will es nicht glauben – verirrt man sich sogar darin oder sucht in einem verkehrten Ordner, in dem es gar nicht zu finden ist. Man hat eigentlich, für den Rest seines Lebens bzw. lebenslang, genug mit dem Vorhandenen, mit dem Angesammelten, mit dem Selbsterschaffenen zu tun, weil...

...weil ... wie gesagt: Jeder Ordner bedeutet eine Art Blockade. Alles Festgehaltene ist eigentlich eine Blockade. Alles, dem man ein Recht auf Weiterentwicklung abgesprochen hat, gleicht einer Blockade bzw. ist unlebendig. So gesehen trägt man in sich ein Meer von Leichen (das Starre, Unlebendige), die man sich noch dazu selbst zugelegt hat. Fühlt man sich mittlerweile immer weniger lebendig? Wundert es noch jemanden? Immer mehr müde? Alles wird irgendwie trüber, mühsamer? Der Körper beginnt wehzutun, zu streiken, will sich nicht mehr so bewegen wie gewohnt? Na ja – Ordner, Leichen, das Unlebendige, die vielen Staudämme – also Speicherorte, die man sich an verschiedenen Stellen angelegt hat. Sie lassen an diesen Orten keine vitale Energie fließen (außer, man versucht, diese dorthin künstlich, durch verschiedene spezielle Übungen und Techniken zu bringen), das heißt, der Mensch wird nicht damit versorgt, was er braucht und in ihm beginnt es zu faulen, abzusterben, unlebendig zu sein ...

Wenn man bedenkt, dass solche Ordner nicht nur für Wissen angelegt werden, sondern zum Beispiel auch für Erfahrungen,

Ereignisse, die man am liebsten vergessen will oder solche, die mit rosa Wolken umhüllt sind und für Emotionen, die man nicht ausleben und unter Kontrolle haben will, für Verletzungen, Traumata und Schocks, an die man nicht erinnert werden will – na ja ... man kann sich vorstellen, wie viel Zeug an Konserviertem, Starrem, Unbeweglichem, Unlebendigem ein „normaler" Mensch in sich trägt und sich dadurch das Recht auf Wandlung, Transformationen, Entwicklung irgendwie entzogen hat. Er fühlt sich krank? Es schmerzt ihn? Zwickt? Ist das ein Wunder?

Unser Thema heute ist aber nicht die Heilung, sondern das Wissen und wenn ich uns jetzt an den Anfang zurückerinnere, wo ich damit angefangen habe, die eine Art von Lernen zu beschreiben, ist klar, warum ich heute gleich von Anfang an übernommen habe. Es ist eine lange Lektion, wie uns bewusst wird, wenn ich sage, dass ich erst jetzt vorhabe, die andere Art des Lernens zu beschreiben.

Bevor wir aber zum zweiten Teil kommen, will ich wieder einmal betonen, dass alles seinen Sinn hat. Das heißt, auch das eben Angesprochene – die Bildung von Ordnern und das Sammeln von toten Energien in der eigenen Welt, in dem eigenen Kokon. Um dies zu verstehen, müssen wir uns zuerst die andere Art des Lernens anschauen:

Ich habe schon erwähnt, dass der Mensch, meiner Meinung

nach, doch nicht computerartig ist. Aber ich habe auch schon mehrmals gesagt, dass der Mensch hier auf der Erde oder in seinem Menschsein ist, um Erfahrungen zu machen und zu lernen. Würde es nur die eine Lernmethode geben – die Methode des Abspeicherns des fertigen Wissens – würde meine Theorie oder mein geglaubtes Wissen auf schwachen Beinen stehen. Das heißt, es sollte noch irgendetwas anderes als nur ein Computer, eine Festplatte, ein Ordner und das fertige Wissen von jemand anderem her; egal wie „groß" oder „wichtig" sein Name auch ist. Ich meine, **am besten lernt man von sich aus, unmittelbar direkt aus dem Leben, aus der Welt, mit Hilfe eigener Wahrnehmung, eigener Fähigkeiten, eigener Entwicklung, zur individuell passenden Zeit, in optimaler Geschwindigkeit, auf getunte Weise** und im Falle der Fälle, der immer eigentlich der Fall ist (!), **unter göttlicher Führung.**

**Wenn sich ein Mensch bereits in seiner Welt bewegt, braucht er sich keine neue, keine weitere, künstliche Welt zu erschaffen! Wenn ein Mensch aus sich selbst heraus seine Informationen verwertet, benutzt, braucht er sich keine neuen Ordner, Speicherplätze zu erschaffen.** Wenn ein Mensch seine Impulse, seine Individualität, sein Tempo berücksichtigt und nur das lernt, was seins ist, was gerade da ist – nicht das was jemand anderer glaubt oder ihm sagt, er solle es lernen – gestaltet sich der ganze Lernprozess gänzlich anders als der vorher Beschriebene. Der grundsätzliche

Unterschied zwischen der ersten Methode und dieser ist der Folgende: Bei der ersten Methode versucht man, sich durch meistens mehrmalige Wiederholung irgendetwas bereits Vorhandenes einzuprägen. Bei der zweiten Methode geht es darum, dass **das, was bereits vorhanden ist, auch bereits gelernt ist und man braucht es gar nicht mehrfach zu wiederholen.** Also, es schaut so aus, als wäre es möglich das Lernen zu überspringen. Aber ganz so einfach ist es nicht. Man lernt nur anders. Man braucht oft auch gewisse Wiederholungen bis man einen „Aha-Effekt" bekommt, bis man verstanden hat, bis es heller wird, bis Klarheit entsteht – aber zu all diesem kommt es auf gänzlich anderem Wege.

**Das Studium ist zuerst einmal optimiert, vollkommen, auf einen persönlich zugeschnitten, nicht von irgendjemand anderem, sondern vom Lernenden selbst. Der Lernende bewegt sich** dabei nicht auf einer Plattform, die jemand anders aufgrund seiner Erfahrung erschaffen hat, sondern **in der eigenen Welt, in der eigenen Schule bedient er sich der selbst gewählten Lernmittel und untersucht** nicht etwas Fremdes, sondern **eigene Themen, die sich einfach aus dem ergeben, dass er so ist, wie er ist.** Das ist aber nur ein Teil. Das ist nur das, was solche Art von Lernen, von dem anderen – nennen wir es Speichern – unterscheidet. Das, was ausschlaggebend ist, ist der Lernvorgang selbst. In slowakischen Gesprächen haben wir gestern diese andere Art erwähnt – „learning by doing" wäre ein netter Begriff. Aber das ist doch noch ein wenig verleitend, obwohl es schon eine andere Art des Lernens andeutet. Man kann sozusagen unverstaubt lernen, nicht aus den Büchern, bankdrückend, das Sitzfleisch aufbauend, sondern direkt im Terrain, im Feld, in der Praxis. Direkt im Leben, also „learning by live" und: ohne dass es euch oft bewusst ist, tut es auch jeder von euch die ganze Zeit. Egal wie viele Speicherordner, egal wie viel starres Wissen ihr euch angesammelt habt. Meistens wisst ihr es nur nicht, weil es nicht dem „Gängigen" entspricht. Es geschieht unbewusst, während ihr euch mit dem Festhalten, Organisieren, Ordnen und Sammeln der anderen Informationen und Dinge beschäftigt. Aber wie schon gesagt: alles hat seinen Sinn und höchstwahrscheinlich gehört auch dieser Vorgang zum eigenen Lehrplan, auf einer anderen Ebene. Man kann sagen, dass **ein heutiger Mensch durch Vergleichen lernt und erkennt. Er erschafft sich etwas, das es nicht gibt. Etwas Künstliches, Unnatürliches als Gegenpol, als eine Art von Kontrastmittel[3], damit ihm dann möglich ist, das zu erkennen, was es wirklich gibt; nämlich das, was natürlich, was normal ist.** Um dieses aber tun zu können, muss er sich seiner vielen, ihm zu Verfügung stehenden Mittel und Instrumente, die er als Mensch „in die Wiege gelegt" bekommen hat, bedienen. Und er hat sich selbst genau die

---

3    Der Begriff „Kontrastmittel" wurde im Band 3 des „BewusstseinsCoaching – Die Kunst der bewussten Wahrnehmung" – Kapitel „Glaube als ein Kontrastmittel" als ein der Instrumente der Bewusstseinsarbeit erläutert.

Mittel in die Wiege gelegt (selbstverständlich unter göttlicher „Assistenz"), die er für seinen Lernzweck braucht. Solche, die optimal für jedes seiner „Schuljahre" gewählt sind – und das ist, meine Lieben, von Menschen zu Menschen unterschiedlich, individuell. Der Lehrplan ist individuell, weil das Wesen des Menschen individuell ist, obwohl ein gewisses Prinzip gleich bleibt.

Schauen wir uns jetzt noch an, um welche Instrumente es geht, damit wir nicht um den heißen Brei herumreden. Vor allem geht es um **das <u>Vertrauen</u> – das ist ein starkes Instrument, ein natürliches Mittel, das jeder bei sich hat. Dann ist da noch die <u>Liebe</u>. Dann das natürliche <u>Bedürfnis zu lernen</u>, zu erfahren, zu erkennen und dann, nicht zu vergessen, das Wissen, das <u>bereits vorhandene Wissen</u>.**[4] **Das Wissen, das man mitbringt – das andere Wissen, das natürliche Wissen. Das Wissen über andere, wenn man so will, höhere Zusammenhänge – das Wissen über Vertrauen, über die Liebe, über das Leben.** Wo ist dieses Wissen gespeichert? Wo muss man es suchen, wenn man darauf zugreifen will? Welcher Ordner, welcher Speicherplatz, welche Datenbank? **Dieses Wissen ist man selbst, weil man selbst aus dem Leben, aus der Liebe, aus dem Vertrauen besteht.** Nicht

---

4   *Die LernInstrumente:*
  *1.   Vertrauen*
  *2.   Liebe*
  *3.   Bedürfnis zu lernen*
  *4.   Wissen (das bereits vorhanden ist)*

irgendwo, nur auf einem begrenzten Platz, hinter irgendeiner Mauer, sondern ganz. **Man ist durch und durch das, was man ist, was man lebt, was man liebt, was man weiß, dem man vertraut.** Und ganz wichtig – egal ob man sich gerade darüber bewusst ist oder nicht, auf welcher Ebene, welcher Bühne man sich in der Zeit bewegt, man kann sich selbst blenden, täuschen. Man kann sich in eine künstliche Welt, eine Welt der Pole, der Vergleiche, der Kontraste nur auf Basis des Lebens und das Vertrauens und der Liebe begeben, sonst würde alles augenblicklich wie ein Kartenhaus zusammenfallen, weil nur die Liebe, das Leben alles zusammenhält und es lebendig sein lässt. Es sind Grundmittel, übergeordnete Prinzipien, die allen Menschen gleich sind, egal was für einen Lernplan sie vor sich haben.

Da, wo die kleinen-großen Unterschiede, also die Individualität anfängt, beginnt die Wahrnehmung. Es sind die Sinne, das Unterscheidungsvermögen, die Gefühlswelt, die Psyche, der Glaube, das Empfinden (zum Beispiel für Schmerz oder (Un)Gerechtigkeit …), der Verstand, die Logik, das Erbgut usw. – egal, ob es um solche Dinge geht, die schon erforscht sind oder um die, die noch im Unbewussten, im Unsichtbaren schlummern und wirken. Jeder kann sich darauf verlassen, dass ihm in seinem Leben das zur Verfügung steht, was er braucht, um seine Lektionen zu lernen, sie zu erfahren.

*So, lieber „Coach", jetzt habe ich das Gefühl, dass wir jetzt an einem Punkt angekommen, wo ich an der Reihe bin, da ich an einem Punkt stehe, wo ich die Klarheit vermisse. Also können wir scheinbar nicht weiter schreiben. Irgendwie habe ich das Gefühl, dass wir ein wenig in eine andere Richtung abgebogen sind, als in die, die mein Verständnis von einem anderen Lernen war/ist. Eigentlich dachte ich, wir werden darüber sprechen, dass man mit Hilfe von spüren, sich in die Problematik hineinfühlen, hineinhören und hineinsehen lernt. Über das „an eigener Haut erfahren"[5] und dadurch eigene Schlüsse ziehen, eigene Erkenntnisse machen. Stattdessen sind wir aber irgendwie zu sehr ins Technische verrutscht – kommt mir zumindest so vor.*

Siehst du, und jetzt sind wir schon bei unserer Problematik, unserem Thema. Du glaubtest, dass wir das beschreiben, was dir bekannt ist, wie du lernst, erfährst, was du dir vorstellen kannst. Dadurch würden wir jedoch das Blickfeld, den Horizont, das Feld des Möglichen und der Möglichkeiten einschränken. Manche Spezialisten würden anfangen sich zu plagen, so lernen, so erfahren zu wollen, wie du es beschreibst, weil es sich vielleicht so schön oder so vertrauenswürdig anhört. Aber diese Menschen können ja gar nicht wissen, was du wirklich unter Hineinspüren, Hineinhören, Hineinsehen usw. meinst! Das weißt nur du selbst. Du weißt,

---

5    *Eine slowakische Redewendung: An eigener Haut erfahren*

wie du es tust und was dadurch geschieht. Du hast es für dich entdeckt, du hast es dir erarbeitet, du hast es erfahren, du hast dich erinnert. Gerade du weißt, wie vergeblich oder verzweifelt du versucht hast, dir fremde, sozusagen bewährte, gut klingende Methoden beizubringen, mit ihnen zu spüren, zu sehen, zu wissen – und was für einen Umweg es für dich bedeutete. Aber es war ein Umweg, den du gewählt hast, um das deine herauszufinden: dass du es schon immer hattest, immer nutztest, es aber nicht wusstest, nicht sahst, weil du dich mit anderen verglichen hast. So ein Umweg war ein Teil von deinem Lehrplan, deinen (mit göttlicher Unterstützung) selbstgewählten Weg so zu lernen und dich selbst zu dir selbst auf bewusstere Ebene zu bringen. Deine eigene, individuelle Art und Weise kann nur ein Beispiel aus der Vielfalt der Lernarten sein, die deinem Erfahren dienen. Diese aber genau zu beschreiben könnte „in die Hose gehen", weil für manche der „verkehrte" Eindruck entstehen könnte, statt die eigene Art zu „suchen", zu erfahren, deines erlernen zu wollen – und wie wir schon sagten, das geht nicht, das wäre ein Umweg, wahrscheinlich eine „unnötige" Plagerei.

Es geht darum, dass der Mensch die Fähigkeit besitzt, seine eigene Art des Lernens zu finden. Anders gesagt: das eigene Lernen zu erlernen, jenseits irgendwelcher Vorstellung, wie es geschehen soll, indem er sich einfach auf sein eigenes, natürliches, mitgebrachtes Instrument, auf das Vertrauen in sich selbst besinnt und dadurch versteht, dass er alles mit sich/in sich hat, was er braucht, um das zu lernen, was er sich zu lernen oder zu erfahren, zu erkennen, zu transformieren, zu heilen vorgenommen hat. Punkt! Fertig! Das ist alles für heute ;)

Vielleicht noch zum Schluss, als kleine Erklärung zu dem abrupten Ende. Wie schon in anderen Büchern erwähnt, machen wir hier eine Art von Coaching. Und Coaching heißt nicht, dem Menschen ein fertiges Wissen in den Mund, in den Kopf oder wohin auch immer zu legen. Coaching heißt nicht, die Selbst-Erkenntnis vorwegnehmen. Unser Coaching heißt anzusprechen, Möglichkeiten aufzuzeigen, die vielleicht zu erweiterten Perspektiven führen, den Horizont erweitern, Blickrichtungen verschieben. Aber das Erkennen, das Erfahren, das Lernen, das Spüren, das Wissen – dass ist jedem sein eigenes Ding …

Einen wunderschönen Tag wünsche ich noch :)

# PARASIT

*Hallo! Ein wenig entfernt, von hinter irgendeinem Vorhang (dem eisernen?) versuche ich mich zu melden bzw. hoffe ich auf deine Unterstützung, deinen Rat, dein Coaching, die Hilfe, wie ich wieder in Gang, ins Fließen, komme. Es scheint mir, dass ich vollkommen aus meinem Gleichgewicht geraten bin, wenn es das Gleichgewicht ist, um was es geht. Es ist eher so, dass ich mich fast vollständig verstopft, verklebt fühle und aus meiner linken Brust klafft ein pechschwarzes Loch. Seit Tagen kam ich nicht dazu, in dieser Form mit dir zu sprechen oder überhaupt zu schreiben, obwohl ich weiß, dass es mir hilft, wieder zu mir zu kommen, mich zu reinigen, zu spüren, zu fließen – ähnlich wie der tägliche Spaziergang durch die Natur. Irgendetwas hält mich davon ab, das zu tun, was mich beleben würde. Und ich schaue zu, wundere mich. Ich weiß, ich müsste eigentlich nur die Schuhe anziehen und durch die Tür hinausspazieren. Sofort würde die ganze Trägheit verfliegen ... und trotzdem tue ich es nicht. Ich weiß, es würde reichen, sich an den Computer zu setzen, die Tastatur zu berühren, sich auf dich zu besinnen und schon wärst du da und schon würden wir uns austauschen und trotzdem tue ich es erst jetzt und weiß nicht warum.*

*Die ganze vorige Woche war wie „verhext". Von allem, was ich in die Hand nahm oder nehmen wollte, schien mir irgendetwas abzuraten und wenn ich es trotzdem tat, war es sehr, sehr mühsam, schwierig, wollte gar nicht gelingen. Also ließ ich es und dachte, dass es vielleicht nach den ganzen Feierlichkeiten in der Familie besser wird. Vielleicht könnte ich mich dann wieder auf mich, meine Sachen konzentrieren. Stattdessen sitze ich fast ohne Bewegung da und blase Trübsal.*

*Ich „weiß", dass die Familienbegegnungen immer schwierig sind und dass ich mir dort immer wieder einen „Virus" abhole – aber hat es nie ein Ende? Und jetzt so heftig? Nach dem ganzen Auseinandersetzen mit Diesem und Jenem? Ich weiß nicht einmal, was ich fragen soll. Meine Gehirnwindungen, mein Herz, meine Füße, meine Hände – alles arbeitet irgendwie seltsam und ich fühle mich in die weite Vergangenheit versetzt, wo solch ein Zustand anscheinend der Normale war.*

*Lieber Coach, was für eine Frage soll ich mir stellen?*

Meine Liebe, heute melde ich mich aus der Tiefe deines Selbst, dass sich dort in einer Zeit, in der es vom eigenen Selbst nicht so recht wusste, vollkommen verausgabt hat. Dieser Teil von dir ist es, mit dem wir jetzt arbeiten werden und der unsere Hilfe braucht.

Du weinst jetzt und doch weinst nicht du. Es ist ein eigenartiger Zustand – ich weiß, aber wir sollen trotzdem weiter tun – oder gerade deswegen. Halte die Tränen nicht zurück. Wie du weißt, helfen sie dir immer wieder, das an die Oberfläche zu schwemmen, was der Erleichterung, der Erkenntnis, der Klärung im Wege steht.

Es sind solche bittere Tränen, wie die Situation von deinem „verlorenen" Selbst einst war. Die Tage bis zur Wiedervereinigung sind gezählt. Es benötigt „nur" eine gewisse Kraft und Zuversicht, um die schattige Schwelle zu betreten.

*Und was soll ich tun?*

Du lässt dich führen, begleiten, dir das zeigen, was es anzuschauen gilt, wovor du oder dein „verlorenes" Selbst die Augen zugemacht hat.

*Es hört sich ziemlich düster, schlimm an...*

Ja, **auf einer gewissen Ebene des Menschsein ist es nicht schön, was du dir anschauen wirst**, was du erkennen wirst. Aber wie du weißt, kommt die Zeit erst dann, wenn du soweit bist. Also brauchst du dir keine Sorgen zu machen, dass du es nicht verkraftest ...

*Da bekomme ich noch mehr Angst, wenn du so sprichst. Geht es nicht besser mit einer Aufmunterung und ein wenig Trost und mit deinen bekannten Worten: „Es wird/ist alles gut!"?*

Ist es das, was du brauchst? Glaubst du wirklich, dass es das ist, was dein verlorener Teil braucht, um sich zu erkennen?

*Ich weiß nicht, aber ich habe gelernt bzw. auch du hast es mich gelehrt, dass Angst nicht gerade eine sinnvolle, unterstützende Emotion ist und dass Gott nicht mit Angst arbeitet. Also jetzt bin ich ein „wenig" verwirrt.*

Ich arbeite nicht mit der Angst. Die Angst bekommst du, wenn ich über das spreche, was auf dich zukommt. Und du bekommst nicht einmal wirklich Angst, du stellst dir im Moment nur vor, wie du die Angst bekommst, weil du weißt, dass solche Worte in gewissen Situationen Angst hervorrufen können. Aus deiner Vorstellung von deinem verlorenen Ich – stellst du dir vor, dass es durch meine Worte eingeschüchtert, erschrocken wird. Aber das ist nicht der Fall. Aufmunterung und „Es wird alles gut!", sind schöne Worte. Nur wenn du sie dir genau anschaust, wirst du merken, dass sie sich auf die Zukunft richten und unterschwellig suggerieren, dass jetzt nicht alles in Ordnung sei. Und dass ist nicht der Fall. **Es ist alles in Ordnung, weil: alles ist so, wie es ist** – und das ist das, was dich und dein Selbst beruhigt; die Gewissheit, dass kein Fehler passiert ist, dass alles „nach Plan" läuft, alles im grünen Bereich ist, unabhängig davon, wie es sich anfühlt.

Würde ich zu dir sagen: „Es wird alles gut!", würdest du, wenn nicht in Panik, so in die Verzweiflung verfallen, weil du nicht wissen würdest, wie du in den momentanen „unguten" Zustand geraten bist. Es begännen dich Schuldgefühle zu plagen, weil du nicht wissen würdest, wie und durch was du es verursacht hast. Du kannst das auch nicht wissen, weil du es nicht verursacht hast. Du bist nicht irgendwo verkehrt angekommen, du bist genau dort, wo du bist und es ist so, wie es ist. Also – alles paletti!

*Na gut. Also kein Jammern, kein Selbstmitleid, keine Tränen. Es geht los?*

Was sollte losgehen? Es ist schon längst losgegangen. Spürst du es nicht?

*Wenn der beschriebene Zustand und dass ich so verdreht, verzogen, verklebt bin, das Zeichen dafür ist, dass es losgegangen ist, dann ist es wahrscheinlich losgegangen. Aber was?*

Die Transformation von Altem. Von alten Ansichten, Sichtweisen und daraus resultierenden Gefühlen, Empfindungen, Verletzungen, Blockaden, Überzeugungen und Vorsätzen.

*Ja, aber arbeite ich doch nicht Tag für Tag, Stunde um Stunde daran? Transformiere ich mich nicht beständig?*

Ja und nein. Eines transformiert sich und Anderes wird

zuerst erreicht, damit es dann transformiert werden kann.

*Und was bedeutet das für meinen momentanen Zustand?*

Dass es im Moment für dich schwierig ist, gewisse Bereiche zu erreichen bzw. sich ihrer bewusst zu werden, nämlich derer, die schon die Transformation erfasst hat. Und so entsteht bei dir ein Stau von Informationen, die darauf warten, erkannt, angeschaut zu werden.

*Klingt für mich fast wie ein Satz aus meinem Buch „Erwachen im MenschSein"[6]...*

Du hast es ja geschrieben, oder?

*Habe ich es? Ich sage mal: Das Buch hat sich irgendwie durch mich geschrieben...*

Ja, durch deine Erfahrungen und Erkenntnisse – ob auf der bewussten oder unbewussten Ebene ist egal.

*Warum ist das Buch so wichtig für mich – unabhängig davon, dass es mein Erstlingswerk ist?*

Weil du dir dort Hinweise eingearbeitet hast, die für gewisse

---

6   *„Erwachen im MenschSein – Das Experiment" von Kristina Hazler*

Momente eine Stütze für dich sein können. Aber das hast du doch auch selbst schon gemerkt.

*Trotzdem habe ich das Gefühl, wir kommen nicht zur Sache, dass wir nur um den heißen Brei herumreden, als würdest du mich nur beschäftigen, bei mir sein, während im Hintergrund etwas anderes abläuft. So, als wäre ich beim Zahnarzt und du hältst mir die Hand und erzählst mir spannende Geschichten, damit ich abgelenkt werde, den Arzt bei seiner Arbeit nicht störe. Ist es so?*

Na ja, von Mensch zu Mensch gesagt – es gibt gewisse Momente, wo es besser ist, wenn sich der Mensch mit der Aufmerksamkeit an der Oberfläche befindet. Schon letztes Mal habe ich dir gesagt, du stehst an einer Kreuzung und es ist auf Rot geschaltet. Man kann also sagen, ich stehe mit dir an der Kreuzung, während du frierend wartest bis es soweit ist, und rede mit dir ein Wörtchen, damit sich zumindest etwas bewegt, während das Andere für dich zu stehen scheint.

*Also wenn ich es richtig verstehe, sind diese Hitze/Kälte-Zustände, das regelrechte Frieren in den Zehen und Fußsohlen das Resultat der Nichtbewegung? Des Stehens an der Kreuzung?*

Ja und nein. Sie sind das Resultat deiner Folgerung, weil du das Gefühl hast, dass du stehst, dass sich nichts bewegt. Der Verstand empfindet es so. Wie du weißt, ist immer alles in Bewegung – nur manchmal für einen vielleicht zu langsam, damit man die Bewegung merkt, während genau die gleiche „Nichtbewegung" für einen anderen zu schnell sein kann, dass ihm fast schwindelig wird. Du bist an eine gewisse Vorwärtsbewegung gewöhnt und jetzt ist eben für eine kurze Zeit „Stopp" angesagt. Was aber nicht heißt, dass alles steht. Wir haben schon erwähnt, dass dich gewisse Dinge einholen müssen. Also es bewegt sich etwas, es ist in Bewegung. Es rast regelrecht auf dich zu.

*Also kühle ich deswegen jetzt aus, weil ich metaphorisch gesehen, eine Zeit lang gelaufen bin, mich erhitzt habe und jetzt kommt es mir lediglich so vor, als würde ich abkühlen, weil der Kreislauf runtergeht?*

So kann man es auch beschreiben. Ja. Das ist ein guter Ansatz. Die Problematik ist nur die, dass du nicht gelaufen bist, sondern getrieben wurdest. So war zumindest dein Empfinden – und jetzt schaust du überrascht zurück und merkst, dass dich nichts mehr antreibt. Also, warum dann denn so eilig, wenn es auch gemütlicher geht? Normalerweise, wenn man es eilig hat, übersieht und überspringt man Vieles, die Sinne rotieren so schnell, dass das restliche System nicht mehr mitkommt bzw. sehr lädiert wird, weil es auf das Wahrnehmen im Vorbeilaufen nicht ausgelegt ist.

*Aber du unterhältst mich schon wieder nur …*

Habe ich doch gesagt, dass ich es tue…

*Ach ja, wirklich. Entschuldige, habe ich kurz vergessen :) Es kam mir kurz so vor, als würdest du mich coachen …*

Habe ich auch. Ich versuchte dir gerade beizubringen, dass **das Stehen und Warten kein Stillstand ist** …

*Danke. Aber trotzdem habe ich diese Unruhe in mir, dieses Unwohlsein und irgendetwas in mir will etwas wissen, gibt keine Ruhe. Es will dir irgendetwas entlocken und ich habe keine Ahnung, was. Es fühlt sich unruhig und treibend an. Aber jetzt, während ich es beschreibe, kommt es mir so vor, dass es gerade das ist, auf was ich warte. Dieses „Fremde" in mir, dieses „Treibende", was gar nicht ich bin, es aber dachte, zu erkennen. Ist es das, auf was wir gewartet haben, bis ich es erkenne, bis es sich enttarnt?*

Könnte man so sagen, ja.

*Auf einmal bist du nicht gesprächig …*

*… okay. Also da spricht etwas aus mir, das gänzlich unruhig und unzufrieden mit deinen Antworten ist und dauernd lauert. Jetzt habe ich es deutlich erkannt! Das bin doch nicht*

*ich, aber es lässt mich das glauben, es lebt sich irgendwie durch mich aus – was ist das für ein Ding?*

Ist es wichtig zu wissen, was für ein Ding das ist oder ist wichtiger, dass du erkennst, dass du es nicht bist?

*Klar das Zweite, aber was mache ich damit? Es ist wahrhaft ein unbehagliches Gefühl festzustellen, dass da etwas in mir, durch mich, aus mir, wie ein Parasit lebt. Ich weiß nicht, wie ich es anders beschreiben soll. Jetzt, wo ich es geortet habe, spüre ich es in meinen Knien, in meiner linken Hand, in den Brüsten und was weiß ich noch wo.*

*Vielleicht frage ich lieber so: Was sollte jetzt mein nächste Schritt sein?*

Wir stehen an der Kreuzung, unterhalten uns und warten bis es grün ist.

*Das ist alles?*

*Meinst du damit, Belangloses interessiert dieses Ding nicht, aber mich schon, weil mich jedes Zusammensein, auch jeder Smalltalk mit dir interessiert und belebt?*

*Irgendwie scheint es, dass dieses da auf „Profit" aus ist. Also, solange es meint, dass sich etwas Interessantes tut bzw. solange es vom Kuchen ein Stück abbekommen kann ... Aber wenn es keinen Kuchen gibt...?*

... dann ...

*ich merke schon, sobald ich anfange, neue Theorien zu entwickeln, ist es da ...*

genau ...

*ein Spion?*

so was in der Art ...

*über was sollen wir uns dann aber unterhalten ...*

wir können auch nur einfach sein ...

*okay ...*

# KIND & ERWACHSENSEIN

*Hallo mein lieber Coach! Schon längere Zeit haben wir uns nicht auf der slowakischen Seite unterhalten. Das Thema Schweigen kommt mir noch unvollständig vor. Es begleitet mich schon seit mehreren Tagen in verschiedenen Formen. Ich weiß gar nicht mehr, um was es genau ging. Aber ich weiß, dass ich mich erneut in einer Situation befand, wo es darum ging, sich zu entscheiden; ob ich etwas ausspreche, es sage oder nicht sage und schweige.*

*Ich scheine durch irgendeinen Prozess hindurchzugehen. Das Schreiben darüber fällt mir schwer, als würde mich etwas blockieren, damit ich nicht weiter schreibe, damit ich darüber nicht weiter nachdenke ... Keine Ahnung ... Es schmeißt mich hin und her. Ich fühle mich nicht ganz wohl in meiner Haut. Ich weiß nicht, in was für einer Lektion ich mich gerade befinde. Kannst du mir etwas dazu sagen?*

Meine Liebe, dein „slowakischer Kanal" ist derzeit mit viel zu vielen Informationen, die seit Jahren in deinem Inneren hausieren, überladen und verstopft. Mit ihnen zu leben, umzugehen, sich an ihnen zu orientieren, fällt dir schwer, weil sie in einer früheren Zeit als unerwünscht in dir zum Schweigen gebracht worden sind. Menschen bringen Kinder in vielen Fällen unbewusst zum Schweigen; ob sie dies nun tun, weil sie gerade keine Zeit haben oder keine Lust auf eine Unterhaltung mit ihnen, oder sie ahnen, dass die Kinder noch kein reguliertes Zensursystem haben, das ihnen diktiert, welche Informationen passen und welche unpassend für die Öffentlichkeit, die Umwelt sind und die Kinder somit mit etwas „nerven" würden, was unangenehm ist. Einem Erwachsenen passt es nicht immer, wenn ihm das eigene Kind Weisheiten serviert, mit denen er sich tiefer beschäftigen, darüber nachdenken sollte. Einem „großen" Menschen ist es meistens gar nicht angenehm, wenn ihm ein kleines Menschlein den Spiegel seiner eigenen Verhaltensweise und Unzulänglichkeiten vorsetzt. Bewusst oder unbewusst wissen die meisten Menschen, dass die Kinder noch einen natürlichen, unverzerrten Zugang zur Wahrheit haben und intuitiv spüren, wann das Verhalten, das Tun und die Ausdrucksweise des Erwachsenen im Widerspruch zu seiner inneren Einstellung stehen. Das Kind ist verwirrt, versteht nicht, macht sich Sorgen, will verstehen, will aufrütteln, aufwecken – aber in den meisten Fällen trifft es auf Ablehnung, Ermahnung, was noch mehr Chaos in der Seele des Kindes verursacht. Als Folge beginnen sich im Kind „nicht abgehakte" Informationen zu vermehren, die auf: „Eines Tages, wenn du groß sein wirst, wirst du verstehen" warten. Wie wir schon in früheren Gesprächen erwähnten: Alles, was sich sammelt, verlangsamt den natürlichen Fluss der Energie, bildet Umleitungen, Dämme und Blockaden – bis hin zum Stillstand.

Das Problem liegt darin, dass solche „verstummten Fragen" und zurückgehaltenen Informationen zeitprogrammiert sind – auf die Zeit, „wenn man einmal groß sein wird" oder „Wenn du heiratest, wirst du es verstehen ..." oder „Mache dir keine Sorgen, du wächst daraus ..." oder „Das ist nur für große Männer bzw. nur für Erwachsene ..." usw. Das Kind bildet sich im Unterbewusstsein eine Vorstellung davon, was es bedeutet zu heiraten, groß und erwachsen zu sein. Es bildet sich eine Art „getimte" Datenbank. Ein verlässliches System kontrolliert permanent, ob die richtige Zeit schon bereits gekommen ist. Sobald ein Junge das Gefühl hat, das er endlich ein großer Mann geworden ist, wenn ein Mädchen endlich heiratet bzw. das offizielle Erwachsenenalter erreicht usw., beginnen sich die damit verbundenen Informationen zu entpacken, weil es doch gesagt wurde: „Wenn es soweit ist, wirst du es verstehen ...".

Nur! ... das Kind ist kein Kind mehr. Ein Mensch entwickelte sich weiter, hat „endlich" eine ausgebaute (Selbst)Zensur, unzählige Weichen, wunderschöne Dämme und Stauseen kreiert und in dem Moment, wo es ihm so vorkommt, dass er endlich „ein richtiger Mann" geworden ist, befindet er sich aber ganz woanders als damals, wo ihm die unbeantwortet gebliebenen Fragen beschäftigten. Logischerweise sollte er in dem Moment, in dem er sein ersehntes Ziel erreicht hat, eine Erleichterung verspüren. Wie viele Jahre verbrachte er doch damit, hinter irgendetwas herzujagen, von dem er nicht einmal wusste, was es ist, was er in sich nur als Druck oder Sehnsucht fühlte, dass er braucht, dorthin zu kommen, etwas, jemand, z.b. ein richtiger Mann zu werden. Aber warum eilte er unbewusst dorthin? Einer Karriere, einer Stellung, einer Position nach? Oft wird geglaubt, dass er dies unter dem Druck der Gesellschaft tat, aber das ist nicht immer so. In vielen Fällen war es aus einer einfachen kindlichen Absicht, aus der Sehnsucht zu verstehen, zu wissen, endlich soweit zu sein, um Gehör zu haben, damit er endlich weitergehen, sich entscheiden, einen weiteren Schritt machen kann. Ihr glaubt oft, dass Kinder nicht fähig sind, Entscheidungen zu treffen, dass es zu große Verantwortung ist, die nicht in die Kind- und Jugendzeit gehört und die Seele des Kindes belastet. **Aber die Kinder treffen doch permanent Entscheidungen!** Wenn es ihnen abgenommen wird, wird dadurch gleichzeitig der freie Wille eines kleinen Menschen eingeschränkt; eines Menschen, der sich gerade in intensiven Entwicklungsphasen befindet, sich umschaut, ausprobiert, beginnt zu verstehen, testet und übt. Das Gefühl für den freien Willen droht sich verzerrt bzw. gar nicht zu entwickeln oder nur bedingt. Ein Kind begegnet vom Anfang seines Lebens Situationen, in denen ihm jegliche Entscheidungen abgenommen werden. Andere scheinen viel besser für das Kind zu wissen, was es braucht, sogar, wie es sich zu fühlen und was es zu empfinden hat. Das Kind beobachtet und auf eine einfache und natürliche Art vertraut es seinen Eltern, weil es noch nicht weiß, was Misstrauen ist. Wenn ein Elternteil sagt: „ ... das ist gut, wenn ich für dich entscheide, weil ich am besten für dich weiß ..." aber dieses „Beste", dem widerspricht was das Kind wirklich brauchen würde, beginnt in ihm eine Verwirrung zu entwickeln. Es hat das Gefühl als müsste es sich zwischen dem Vertrauen zu den Eltern oder für sich selbst entscheiden. Irgendwo beginnt sich eine Ahnung zu melden, dass es so nicht ganz richtig zu sein scheint, wie es ihm aufgetischt wird, aber es weiß nicht, warum es dieses Gefühl hat. Das Kind versteht es nicht. Und plötzlich muss es fünfzehn Jahre warten, bis aus ihm ein richtiger Mann, eine verheiratete Frau wird, damit sich dann die Verwirrung angeblich klären darf. Wenn es aber soweit ist, fühlt jedoch der „große" Mann eine weitere Verwirrung. Ungeklärte, kindliche Fragen bahnen sich den Weg aus seinem Geist. Der Kopf versteht nicht, was das soll und was damit zu tun ist. Mitten in einem wichtigen Meeting, wo alle begeistert zu ihm aufschauen und er endlich das Gefühl der Anerkennung für seine Größe hat, ist ihm plötzlich zum Weinen zumute. Er fühlt sich hilflos, getäuscht, betrogen. Nichts ergibt auf einmal einen Sinn. Schon überhaupt nicht das Meeting. Plötzlich versteht er: darum ging es nicht! Es ging nur darum, ein Mann zu werden, nicht darum, ein Präsident von einer Megagesellschaft mit Unmengen an Papierkram und würgenden Krawatten zu sein. Jetzt ist er dort angekommen und versteht, dass es schon wieder niemanden gibt, der ihm das Ungeklärte erklären und das Unbeantwortete beantworten kann. Er versteht immer weniger. Fühlt sich belogen und in die Irre geführt.

Die ganze Anstrengung schien umsonst gewesen zu sein. Da hätte er doch gleich er selbst bleiben können, als sich die ganze Zeit zu quälen und zu schauen, wie aus ihm so schnell wie möglich der größtmögliche Mann wird. Er steht da und schaut seine Kollegen an, weitere „große" Männer, und sieht das, was ein erwachsener Mensch lieber nicht sehen will. Aber es nicht zu sehen hilft ihm auch nicht, weil es darum nicht geht, weil die Zeit kam, als sich die „getimten" Daten aus der Datenbank entpackten. Wie eine Flut kamen all das Vergessene, alle alten Zweifel, Misstrauen, Unsicherheiten und Verwirrungen an die Oberfläche und das ausgerechnet in einem Moment, wo er den wichtigsten Geschäftsvertrag seines bisherigen Lebens unterzeichnen sollte, der ihn in die oberste Liga der noch größeren Männer heben sollte. Und, statt die Ernsthaftigkeit und Wichtigkeit des Moments zu wahren, fühlt er sich wie ein kleiner Bursche, der noch in der Sandkiste sitzt und versteht nicht, warum alles so ernst sein sollte. Wo ist er? Was tut er dort? Wieso? Was für einen Sinn sollte es haben, so etwas zu unterschreiben, wenn ihm die, auf die Zusammenarbeit vorbereiteten, hochkarätigen Geschäftspartner nur den Moment, auf den er hingearbeitet hat, spiegeln.

Und es gibt auch noch ein anderes Problem. Wenn er wieder zu sich kommt, sich so besinnt, wie es sich für einen richtigen Mann in solcher Situation gehört und endlich doch unterzeichnet und mit den Kollegen ausgiebig gefeiert hat, sprich: wenn er es „überlebte", ohne dass jemand seine Zweifel merkte, ausgerechnet dann läutet in seiner Tasche das Telefon und die Mutter oder der Vater melden sich mit den üblichen Vorwürfen dem „kleinen" Jungen in dem großen Mann gegenüber: Warum er sich doch schon so lange nicht gemeldet hat" etc. Und schon wieder hat er Chaos im Kopf. Als hätte er einen Zeitsprung gemacht. Als wäre die Vergangenheit in diesem Moment wieder die Gegenwart geworden. Gerade noch auf der Höhe, groß und gefeiert, im nächsten Moment Mamas kleiner Burli, der nicht weiß, was sich gehört. Der erwachsene, in der Welt erfolgreiche Sohn findet plötzlich keine richtigen Worte für die Mutter, obwohl er als der „Große" gerade in verschiedenen Sprachen kommunizierte und einen Millionenvertrag internationaler Ebene unterzeichnete. Etwas tut sich in ihm, aber was? Sie haben es doch immer gesagt! Sie versprachen ihm! Er ist jetzt endlich der versprochene große Mann! Jetzt könnte er sie eigentlich fragen! Jetzt wäre die Zeit, dass sie ihn ernst nehmen, ihm antworten, erklären, sagen. Stattdessen serviert er sich aber ein tollpatschiges, verbales Telefon-Ping-Pong mit der Mutter. Keiner von den beiden will den Hörer auflegen. Etwas scheint zu fehlen. Aber was? Antwort? Erklärung?

In diesem Moment müssen wir uns wieder bewusst werden, dass nichts ein Zufall ist und dass alles seinen Sinn hat. Damit ist gemeint: Auch die Tatsache, warum jemand ein Kind bekommt, dass solche und solche Fragen stellt. Das Kind macht das sichtbar, spricht oft das an, was der Erwachsene längst vergessen hat, was aber in seinem „Inneren" unverdaut gärt. Jedes Kind tut es auf seine eigene Art, ob durch Fragen, durch erzählte Geschichten, mittels solchem Verhalten, das tief Vergrabene, Vergessene, unbewusste Sehnsüchte, Blockaden, Überzeugungen und Wahrheiten aufzeigt. **Eine unschuldige Frage eines Kindes ist nie dazu bestimmt, dass nur das Kind eine Antwort bekommt!** Umgekehrt, dem Erwachsenen wird dadurch die Möglichkeit gegeben, der Frage nachzugehen, sich über das Thema bewusste Gedanken zu machen, sich in das Thema hineinzufühlen und das sogar nicht aus dem Kopf heraus, mental, auf die erwachsene Art, sondern, aus Liebe (zum Kind) die Perspektive zu wechseln, in die Hocke zu gehen, um mit dem Kind synchron, auf der gleichen, der unschuldigen, natürlichen, kindlichen, also noch unzensierten, nicht abgestempelten Ebene zu sein, zu kommunizieren um dort (in der kindlichen Unschuld) nach Antworten und dem Gefühl zu suchen. Der Erwachsene bekommt dadurch die Möglichkeit, in sein eigenes Inneres zu schauen, sich in der Zeit vor der „Erwachsenen-Trance" zu begegnen, sich an die ursprünglichen Motive, an die Prioritäten und Ziele zu erinnern, zu erwachen und das zu erblicken, was mit Hilfe des Kindes für ihn in dem Moment beleuchtet, sichtbar gemacht wird. Unterbricht er das Kind, tut er sein ehrliches Interesse, Neugier und Bemühungen als Blödsinn ab, lehnt er damit gleichzeitig sich selbst ab. Möchte er sich mit dem Kind nicht beschäftigen, nimmt er sich keine Zeit für es, spiegelt er sich selbst die Tatsache, wie er sich mit sich selbst nicht beschäftigen möchte und wie ihm alles andere wichtiger ist, genauso. Sagt er auch diesem Kind, wie einst ihm gesagt wurde: „Erst, wenn du eines Tages erwachsen sein wirst ..." was für das Kind übersetzt in etwa soviel bedeutet wie: „Wenn du erwachsen sein wirst, dann werde ich für dich Zeit haben, dann werden wir uns mit deinen Frage beschäftigen". Und dann kommt diese Zeit ... Das erwachsene Kind sitzt im Auto, telefoniert mit der Mutter und die Mutter hat endlich Zeit für ihr Kind, aber hat sie auch endlich Zeit für sich? Ist sie bereit? Will sie schon das hören, was sie damals nicht hören wollte? Will sie sehen, sich hineinfühlen, wissen – sich selbst begegnen? Chaos in der kindlichen Seele, die in dem Körper des großen Mannes oder einer verheirateten Frau die bereits eigene Kinder hat, haust. Die haben ihm/ihr doch versprochen! Die Energien, Informationen drängen sich an die Oberfläche, können endlich dort ankommen, wo sie hingehören, wohin und wofür sie bestimmt waren. Sie wollen ans Licht, um sich endlich bewegen oder sich endlich in Bewegung setzten zu können ...

# Platz in der Sonne

*Hallo, gerade bin ich aus allen Wolken gefallen, nachdem ich vor ca. einer Stunde erkannt habe, was mich die letzten Tage in der Mangel hatte. Ich dachte, ich beschäftige mich noch, bzw. es beschäftigt mich das Thema Schweigen. Aber irgendwie bin ich scheinbar zum Thema Eifersucht übergegangen, außer diese zwei hängen irgendwie zusammen.*

*Die letzten Tage merkte ich in mir seltsam düstere Gedanken und Gefühle. Ehrlich gesagt, ich weiß gar nicht, ob es Gefühle waren oder doch nur Gedanken, die Gefühle oder Emotionen imitierten. Ich wunderte mich, weil sie irgendwie in mir auflebten, aber ich mich nicht wirklich darin finden konnte, obwohl sie sich an den Gegebenheiten um mich herum orientierten. Ich bewegte mich wie in einer düsteren Wolke, die auf mich einredete oder mir Bilder vor die Nase hielt, die mich wahrscheinlich einschüchtern oder bestimmte Emotionen provozieren, bei mir auslösen wollten. Ich fühlte mich wie in einem Kino gefangen, das ich nicht verlassen konnte. Langsam machte es mir doch Angst und ich begann zu zweifeln, ob es doch nicht irgendeine versteckte Seite von mir ist, die ich nicht kenne. Aber das ist doch nicht meine Art so zu denken – sagte ich mir immer wieder. Ich weiß nicht. Ich denke, einigermaßen klarer zu sein, als die letzten Tage, dass es sich nicht um meine eigene Eifersucht handelt, obwohl mich die Energie dazu animieren wollte und alle Register zog. Ich empfing es als eine fremde Energie, die sich gegen mich richtet bzw. sich mit mir beschäftigt – also ich ihr als Plattform zum Ausleben oder als Projektionsfläche diene. Und trotz dieser Ahnung, dass es nicht meins ist, beschäftige ich mich jetzt Tage damit, oder es beschäftigt mich, damit ich mich ständig frage: Warum und worauf sollte/könnte ich zum Beispiel unbewusst eifersüchtig sein, bzw. warum habe ich in mir diese eifersüchtigen Gedanken und Bilder? Und jetzt das! Ich erkenne, dass andere, fremde Menschen auf mich, sogar auf meine Art zu leben, auch auf das, was ich durchgemacht habe oder was weiß ich was irgendwie eifersüchtig sind. Ich kann es nicht verstehen! Ich habe bis jetzt nichts gesehen, was es an mir geben sollte, wofür mich die anderen beneiden könnten. Zuerst einmal weiß kaum einer über mein Leben genau Bescheid. Zweitens empfinde ich mich oft selbst bzw. mein Leben als eine einzige Katastrophe. So käme ich kaum auf die Idee, dass ich zu beneiden bin. Und dann ist da noch das Wörtchenspiel: „Eifersucht" und „Neid". Umso mehr ich mich mit den Worten beschäftige, umso weniger scheine ich sie zu verstehen – als wären sie nur künstlich erschaffene „Monster", hinter denen sich so und so nur einfache menschliche Ängste oder Schmerzen verbergen. Also, ich habe das Gefühl, kaum je über ein Thema, über die wir zu schreiben begannen so wenig verstanden zu haben als über dieses, obwohl es mich – egal in welcher Form – scheinbar schon von der Wiege aus begleitet. Also, ich bitte um deine treffliche Erläuterung bzw. was meinst du dazu?*

Meine Liebe Tochter ...

*Warum nennst du mich plötzlich Tochter?*

... weil mir danach ist und weil das heutige Thema vielleicht etwas mit der Tochterrolle zu tun hat ...

*Aha, dann Entschuldigung für die Unterbrechung.*

Na ja, ich habe auch keine andere Reaktion erwartet. Das Thema Tochter ist doch ziemlich sensibel.

*Aber ich muss doch gleich noch einmal unterbrechen. Es scheint so, dass du das „Tochter" besonders betonst. Ist das allgemein ein anderes Kapitel als das Thema „Sohn"? Es kommt mir so vor, dass du absichtlich unterscheidest...*

Genau. Es ist ein anderes Thema. Wäre es nicht so, hätte ich wohl „mein liebes Kind" gesagt. :) Also, da haben wir schon den Punkt, an dem sich ein Mensch von seinen Eltern zu unterscheiden beginnt. Einer ist der Sohn, die andere die Tochter. Und wenn du ganz genau hineinhörst, hörst du deine eigene Schwingung zu diesen Begriffen; also, was da alles an Unerlöstem mitschwingt. „To-ch-ter ..." Wenn du „Kind" sagst, ist es nicht der Fall. Da schwingt wieder etwas anderes mit, was aber für dich mit dem Thema Eifersucht nicht viel gemeinsam hat.

*Wenn ich ins „Tochter" reinhöre, klingt es für mich sehr hart, fast verpflichtend. Irgendwie schwingen in dem Wort spezifische Erwartungen mit, die bei einem „Kind" noch nicht dabei sind. Sogar, wenn ich mich auf die Ebene verschiebe, wo ich mich sozusagen als „göttliche Tochter" sehe, schwingt in mir etwas Seltsames mit. Ich habe das Gefühl, ich muss auf eine bestimmte Art sein, ein bestimmtes Verhalten an den Tag legen, mich in bestimmter Weise bewegen, sprechen, tun – einfach das, was eine Tochter tut. Das kann aber doch nicht sein. Also bin ich auf dem Holzweg, oder?*

Ja und nein, wie sonst auch. Ja – weil das, was du beschreibst, eben nicht die göttliche Ebene ist, sondern die menschliche Interpretation davon. Auch wenn du dich in der Vorstellung sehr weit, in das altertümliche Ägypten verschoben hast und dich dort als eine „Tempeltochter" gesehen hast. Auch damals war es nur eine menschliche Interpretation. **Für Gott bist du immer die Eine, in deiner Gesamtheit, von Anfang bis ans Ende bzw. besser gesagt: immer und ewig. Egal, welchen Namen man für dich oder jemanden anderen verwendet; Gott weiß wer du bist und lässt sich mit Namen nicht täuschen.** So eine Namensgebung, die jemanden auf etwas reduziert, in eine Schublade, in eine begrenzte Rolle steckt, hat mit Gott nichts zu tun. Nichts desto trotz heißt es nicht, dass es nicht die göttliche Führung war, dass du als eine „Tochter" in der menschlichen Welt geboren wurdest um bestimmte, auch „töchterliche" Erfahrungen zu machen.

Ja, ich sehe, du beginnst zu ahnen ... du hast das Bild gerade bekommen. Jetzt weißt du, warum wir dich in Ägypten zu dem Tempel geführt haben und gleichzeitig in einen Harem.

Du beginnst den Schwingungsunterschied zwischen Tochter und Sohn zu ahnen, egal in welcher fernen Zeit und Kultur auch immer. Also ist das Thema nicht örtlich, kulturell oder religiös, sondern scheinbar menschlich bedingt und von der Entwicklung, Zivilisation, Globalisierung, Technisierung, Wirtschaft und Politik unbeeinflusst geblieben. Der Unterschied ist nur, dass es mancherorts mehr sichtbar, mehr an der Oberfläche schwingt, anderswo im Hintergrund (Untergrund wäre ein besseres Wort) versteckt, unbewusst lebt. Umso „zivilisierter" die Gesellschaft, umso mehr werden die Gefühle unterdrückt, umso weniger ist sichtbar, was unter der Haut brodelt.

*Soll ich das Bild beschreiben, was ich sah?*

Bitte darum ...

*Also ... ich habe zuerst den ägyptischen Tempel gesehen, scheinbar ein Frauentempel, wo sich jede „Tochter Gottes"*

*– weil der Tempel eben dem Gott gewidmet war – irgendeiner Tätigkeit widmete, die Gott geweiht war. Ob es das Musizieren auf irgendeinem Instrument, das Singen, Blumen pflegen oder sonst was war.*

*Dann habe ich ein Bild von einem Harem bekommen, wo der Haremsbesitzer eigentlich die Ausrichtung für die Frauen darstellte und irgendwie fast an die Stelle von Gott für die Frauen gestellt wurde oder sich zumindest wie von ihm bevollmächtigte fühlte. Aber das ist jetzt nicht wichtig. Weiter sah ich, wie die Frauen offen oder heimlich untereinander um die Gunst des „Herrn" buhlten. Jede wollte die erste Frau sein. Also haben sich dort Eifersüchteleien, und damit verbundene Spielchen, Intrigen und Tricks abgespielt. Entweder um für sich selbst einen besseren Platz in der „Rangliste" zu sichern oder um die Rivalin von der vorderen Position zu stürzen, in den Schatten zu stellen. Jede wollte die Frau Nr. 1 sein, weil diese Position verschiedene Privilegien bedeutete, aber auch, weil ihr dies ein bestimmtes Gefühl vermittelte, das ich schwer beschreiben kann. Irgendwie hat es etwas mit der Macht zu tun. Wahrscheinlich, über den anderen Frauen drüber zu stehen, zu sein, die Macht über den Mann, den „Herrn" (den Haremsbesitzer meine ich) zu haben. Ich hüte mich, zu behaupten, dass irgendwo in den Frauen das unerlöste Gefühl schlummert(e), den „Herrn" zu beherrschen – aber auf der menschlichen Ebene klingt es doch irgendwie logisch, weil man alleine durch die Position der Frau scheinbar nie der „Herr" sein kann und dadurch auch nie „herrschen" kann oder gar „Herr der Lage" sein, obwohl mir gerade gekommen ist, dass es doch auch den Begriff „Herrin" gibt. Irgendwie schwingt mit: Wenn nicht herrschen, dann zumindest beherrschen – was für einen Sinn es auch ergeben mag.*

*Okay. Um es abzukürzen: Das war ein Bild aus dem ägyptischen Tempel, dann aus dem Harem und wenn ich mich wieder in unsere „zivilisierte" Welt, die Welt der Monogamie und der Töchter und Söhne, der göttlichen Kinder verschiebe und zusammenzähle, scheint unter dem Strich Folgendes herauszukommen:*

*Weil die Frauen seit Jahrtausenden zweitrangig positioniert waren, also erst nach den Männern, und ihnen dadurch eine gewisse Machtmöglichkeit abgesprochen wurde, die aber auf der göttlichen Ebene vorhanden ist – für alle gleich, so wie jeder benötigt – fühlen sich die Frauen gezwungen, sich diese Macht mit Hilfe von verschiedenen Tricks und Techniken zu erschleichen oder bedeckt, getarnt auszuleben. Nicht im seltenen Fall scheint sich ein Mann dazu zu eignen, dass die Frau (durch ihn) ihre eigenen Ziele verfolgen kann bzw. sich im Hintergrund im „Herrschen" ausleben kann. Herrscht sie über den Mann, beherrscht sie den Mann, steht ihr so eine Bühne zu Verfügung, zu der sie sonst keinen Zutritt hätte. Und auch wenn es in der heutigen Zeit die Diskriminierung der Frauen in verschiedenen Ländern offiziell nicht mehr gibt, ist die Zeit, in der diese Befreiung gelebt wird zu kurz gegenüber der Zeit der Zweitstellung. So, obwohl die Frau eigene Möglichkeiten hätte, lebt in ihrem Unbewussten eine Information der Minderwertigkeit und sie neigt („aus Gewohnheit") weiterhin zum Tricksen oder aus dem Hinterhof bzw. durch einen anderen zu agieren.*

*Das ist aber doch „Frau" und nicht „Tochter". Bin ich von unserem heutigen Thema abgekommen?*

Wir kommen gleich dorthin meine Liebe. Folge nur ganz behutsam deiner Spur und lass dich nicht verunsichern. Wie immer – alles hat mit allem was gemein, also kann man nie ganz daneben sein.

Na gut.

*Also, um in dem Bild fortzufahren: Ich habe es so verstanden, dass in einer Frau unbewusst gewisse Programme wirken, die ihr einreden, sie muss, um in die Gunst eines gewissen Mannes (Herren) zu kommen, buhlen und dafür muss sie die Beste, Schönste oder was auch immer sein. Einfach das, was sie für den „Einen" – also den „Auserwählten", manchmal sogar irgendeinen, sichtbar macht, von den anderen unterscheidet und ihr einen Vorsprung, einen Vorteil verschafft. Und wie wir von einem Harem wissen, ist die Suppe durch eine augenblickliche erste Stellung nicht gegessen, weil da ja dann doch auch noch*

*die Launen der Herren sind. Also auf der ersten Sprosse ange-
kommen, kann sich die Frau nicht ausruhen, nicht entspannen.
In dieser Position geht der Zirkus erst los! Sich selbst zuliebe
bzw. für die Möglichkeit der zukünftigen Entspannung muss
sie es schaffen, den Mann so zu bezirzen, dass er keine Lust
oder Zeit mehr hat, an die anderen zu denken bzw. auf sie ein
Auge zu werfen. Also ist die Frau andauernd im Einsatz und
unerschöpflich mit planen, Aufmerksamkeit auf sich ziehen,
Kontrolle (aus)üben, Sondieren, auf der Hut zu sein und anderem beschäftigt. Und auch, wenn sie ihn einmal für sich selbst
gewonnen hat, weiß sie über die Strategien und Absichten der
nicht schlafenden und nicht aufgeben-wollenden Konkurrenz
Bescheid. Derjenigen Konkurrenz, die ihr scheinbar jederzeit
einen Strich durch die Rechnung machen könnte. Außerdem
erahnt sie auch die unberechenbare Menschlichkeit, lau-
nenhafte Männlichkeit, oder die nicht stehenbleibende Zeit,
die keine Rücksicht auf den Alterungsprozess nimmt und so
viele aktuelle Vorteile wie die Schönheit und Jugend(lichkeit),
welche sie zu ihren Zwecken einsetzt, ins Aus spielt. Also eine
wirkliche Entspannung ist nirgendwo in Sicht.*

*Sogar vor der eigenen Familie machen diese Programme nicht
halt. Durch die Heirat sichert sich scheinbar eine Frau oft die
Position „die Auserwählte an der Seite des Mannes zu sein" und
heutzutage wird sie dazu sogar durch ein Ehezeugnis „zertifi-
ziert". Die Ehe wird besiegelt, also dürfte keine andere mehr eine
Gefahr sein, wäre da nicht plötzlich zum Beispiel die Tochter, die*

*zuerst als das Wunschkind in die Familie kam und sich dann aber zu einem süßen Mädchen entwickelte, zu der Tochter, die den Vater auch um den Finger wickeln, also beherrschen könnte. Der tot gedachte Feind scheint plötzlich wie ein trojanisches Pferd aus den eigenen Reihen, aus dem eigenen Fleisch und Blut geboren zu sein. Der „Feind", der eben die Frau um ihre unbewussten oder manchmal auch bewussten Privilegien bringen bzw. zumindest auf den zweiten Platz verschieben könnte. Manche scheinen diese Situation so zu meistern, dass sie sich die Position, auf welche Art auch immer, teilen.*

*Wir sollten dabei nicht vergessen, dass dieses eben Beschriebene in vielerlei Augenblicken unbewusst wirkt und eine Frau oft nicht versteht und unglücklich darüber ist, warum sie etwas treibt und dazu animiert, in gewissen Situationen anders zu reagieren als ihr eigen ist.*

*Der Höhepunkt dieser Geschichte scheint mir zu sein – dass auch ein ehrliches Streben nach der Gunst des göttlichen Vaters manchmal genauso diese „undankbaren" Programme wirken lässt, in der die Frau irgendwo glaubt, nur dann in seiner Gunst stehen zu können, wenn sie die Einzige, seine Nummer 1 wird. Und wer soll in so einem verkehrten Denken die erste mögliche Gefahr darstellen? Wer ist die näheste, potentielle Konkurrentin, wenn nicht die eigene Tochter, die durch ihre noch kindliche Unschuld Gott vielleicht noch näher sein kann. Eifersucht verstehe ich nach diesem unglaublichen Ausflug als:*

*eifrig nach dem Ausschau zu halten, was mich den „Platz in der Sonne" kosten kann.* Das individuelle Wertesystem richtet die Antennen nach all dem aus, was für die Erreichung des Zieles „die Nr. 1 zu sein" als unterstützend und hilfreich sein kann und angeschafft, zurechtgelegt werden oder wenn als bedrohlich eingestuft, wie ein Feind bekämpft oder sogar in Extremfällen vernichtet werden muss.

Die Tochter stellt bei solchem aktiviertem Thema eine potentielle Gefahr dar, wobei der Sohn eine weitere Machtmöglichkeit und die Brücke zu dem Platz in der Sonne dann darstellt, wenn zum Beispiel der „Plan A" – der Ehemann – nicht mitspielt bzw. versagt. Nicht selten ist eigentlich erst der Sohn der „Plan A". Aber bitte, wie gesagt: dann, wenn die Programme aktiviert sind. Das heißt, eine Frau fühlt sich oft zu Handlungen getrieben, greift zu Methoden, ist auf der Lauer oder muss alles unter Kontrolle halten, den Sohn mit fester Hand führen, obwohl sie selbst mit der Situation nicht glücklich ist und oft nicht weiß, nicht versteht, warum es so geschieht, weil das Programm im Unbewussten die Fäden zieht.

Kann man das alles irgendwie so sagen?

Sagen kann man fast alles. Ob etwas dran ist, kann jeder seiner eigenen Selbstprüfung, dem eigenen Gefühl unterziehen. Vielleicht findet der eine, oder andere ein paar Impulse drinnen, um sich im eigenen „Garten" bewusster umzuschauen und einige Ereignisse vielleicht ein wenig anders zu betrachten.

Ich finde, es ist ein gutes Bild, mit dem man arbeiten und sich selbst befragen kann.

Es ist noch wichtig zu sagen, dass selbstverständlich keiner, ob Kind, Mann, Frau, Tochter oder Sohn um die Gunst Gottes buhlen muss. Man kann nicht einmal sagen, dass wir alle in gleicher Gunst stehen, weil die Gunst schon automatisch die Möglichkeit einer Ungunst vorsieht und das kann nicht sein. Wenn es sich im kollektiven Unbewusstsein herumspricht, dass man nicht konkurrieren muss, dass Gott keine Rangliste, keine Auserwählten hat, dann können vielerorts das Wetteifern, der Konkurrenzkampf, das Eilen, Bekämpfen usw. aufhören und eine große Erleichterung, Entspannung und Frieden eintreten. Weil, egal ob ägyptischer Tempel, ein Harem, eine Firma, eine Familie – immer geht es jedem vor allem um den Platz bei Gott. Aber dieser hat keine Rangpositionen für uns. Es ist nicht wie im Kino, wo es gute und schlechte, vordere und hintere Plätze, Logen, Balkone und was weiß ich was gibt. Jeder hat seinen eigenen Platz und diesen bitteschön hat er nicht verloren, dieser wurde ihm nicht genommen, er wartet nicht auf ihn. Man sitzt, steht, ist immer auf diesem Platz, nur weiß man es nicht.

Und dass ist auch schon alles für heute.

# DAS GEHEIMNIS

*Das letzte Gespräch hat selbstverständlich neue Fragen aufgeworfen. Nicht nur, weil wir hauptsächlich das Frauenthema besprochen haben, das mir nicht besonders schön vorkam, weil es so rüberkam, als wäre Eifersucht eine rein weibliche Eigenschaft. Kann man da überhaupt über Eigenschaft sprechen, wenn es sich, wie besprochen, um so etwas wie Programme handelt, auch wenn sie vielleicht aus Jahrtausenden der menschlichen Entwicklung hervorgehen? Es scheint, als wären die Männer aus dem Schneider, als wären sie die Edelsorte schlechthin, die jetzt mit dem Finger auf die Frauen zeigen könnte – wir haben es immer gewusst, dass ihr solche Hexen seid ... und so ähnlich. Und welcher Frau fällt es leicht, sich wie eine Intrigantin, Pläneschmiedin, Oberkontrolleurin, Fädenzieherin, Machtstreberin bzw. die oberste Manipulatorin zu sehen? Ich meine, ich tat es jetzt ein paar Tage, beobachtete mich und man (Frau) fühlt sich plötzlich wie gelähmt, weil man (Frau) plötzlich nicht weiß, was für eine Absicht sich hinter jedem Schritt, jeder Tat, jedem Gedanke versteckt. Wenn man nicht kontrollieren, herrschen, manipulieren usw. will, wenn man nicht mit Eifer suchen will, was einen irgendwo in seiner „Existenz" bedroht, um seinen Platz an der Sonne bringen kann, dann steht man da und tut irgendwie am liebsten nichts. Weil, egal was man denkt, was für eine Absicht man hat, es droht ja, dass sich das Programm bei jedem Schritt aktiviert und dann rutscht die ganze Geschichte ganz woanders hin als beabsichtigt. Ich meine, ich hatte so einen Traum in der vorletzten Nacht, in dem mich für einen Mann zurechtgemacht habe, so wie ich wusste, dass er darauf anspricht, dass es ihm gefällt. Ich habe mir sozusagen eine gewisse Maske aufgelegt und mich ihm präsentiert, weil ich sichergehen wollte, dass er mich bemerkt, dass er mich „auswählt" – so was macht man doch fast automatisch und jetzt betrachte ich mich, als hätte ich damit etwas Böses getan und den armen Mann, als hätte ich ihn der Möglichkeit beraubt, sich aus freien Stücken für mich, so wie ich bin, zu entscheiden. Und selbstverständlich habe ich sicher für meine „Maskerade" meine Sensoren, meine Antennen benutzt, die ihn höchstwahrscheinlich abgetastet haben und mir verraten haben, was seine Vorlieben sind, wie er die „perfekte" Frau haben will. Also zu alldem kommt noch hinzu, dass ich wahrscheinlich ohne seine Einwilligung, unbewusst, in sein (Energie)Feld eingedrungen bin, seine (Bewusstseins)Datenbank „gehackt" habe und es zu meinem gewollten Vorteil nutzte. Ja, wie beim Geheimdienst. Und der „arme" Mann, der, auf den man es als Frau abgesehen hatte, hat dann kaum eine Chance, weil man ihm genau das bietet, was er haben will.*

*Irgendwo weiß ich, dass das Ganze nicht so schwarz-weiß ist. Aber ich glaube, so kam es zuletzt rüber und es wirft, wenn nicht Gedanken, dann Fragen auf. Was sagst du dazu?*

Klar hat man Bedenken darüber, was der Leser aus den Zeilen herauslesen würde, aber jedem steht doch frei, das herauszulesen, was er herauslesen will – daran ist nichts zu machen. Deswegen behandeln wir auch diese Themen, damit sie überhaupt ins Bewusstsein kommen und damit sich jeder auf seine eigene Weise damit beschäftigt oder darin Denkanstöße findet, in welcher Richtung auch immer. Verrutscht er in Verurteilung, oder Ablehnung – bekommt er dadurch die Möglichkeit, sich selbst in der Verurteilung bzw. Ablehnung zu erkennen. Begegnet er dem Thema, dem Geschriebenen mit Angst, Schuldgefühlen, Eifersucht usw., begegnet er nur dem, was in ihm noch ist und wirkt. Keiner kann irgendetwas begegnen und sich damit identifizieren bzw. auf irgendein Thema einsteigen, ohne dass es nicht irgendwo in ihm noch Spuren davon gibt. Ansonsten könnte er lesen, beobachten, betrachten was er möchte, wenn er neutral, unbeteiligt, beobachtend bleibt – ohne einzusteigen, ohne sich damit zu identifizieren, ohne dass es in ihm Angst oder Schuldgefühle verursacht. Jede Regung von so einer sogenannten negativen Emotion oder solch einem Gedankengang ist nur eine Information darüber, dass man noch wunde Punkte, Kränkungen und andere Blockaden bzw. Lernschritte hat. Verschiedene Themen führen in verschiedene Bereiche und in verschiedene Tiefen, Ebenen und Zeiten. Wenn jemand das Gefühl hat, dass er bei dem und dem Thema „unberührt" bleibt, heißt es nicht, dass es auch mit anderen Themen so ist. Also, wie gesagt: die verschiedenen Themen, die wir hier und in deinen anderen Büchern behandeln, bieten „nur" die Möglichkeit, verschiedener Bereiche eines Selbst. Und es sind nicht nur deine Bücher, es ist alles in dieser Welt so. Man kann nicht etwas anderem begegnen – egal, ob man einkaufen geht, einen Film schaut, in der Schule die Bank drückt, im Chefsessel oder zu Hause arbeitslos sitzt, einen Jet steuert oder in einen Banküberfall verwickelt ist. Man begegnet immer nur sich selbst in verschiedensten Situationen und hat dadurch die Möglichkeit, sich und eigene Reaktionen, Gedanken und Gefühle zu erkennen.

Und ganz wichtig: Wenn man sich eine Maske auflegt, wird man dadurch nicht automatisch ein Fremder, ein anderer Mensch. Die Maske spiegelt vielleicht die Sehnsucht, jemand anderer zu sein, irgendetwas (vor sich) zu verstecken, zu verbergen oder sich schützen zu wollen. Aber unter der Maske bleibt man immer man selbst. Und auch, wie man die Maske aussucht und wofür, wie man sich damit benimmt, was man absichtlich an die Oberfläche durchlässt und was nicht. Es zeigt trotzdem nur das Selbst. Zwei Menschen mit der gleichen Maske würden nie gleich wirken. Sie würden sich verschieden bewegen, ausdrücken, unterschiedlich auf die anderen zugehen – egal wie hart sie vielleicht auf eine gemeinsame oder neutrale, nichts verratende Verhaltensweise trainiert haben. Also, wie man sieht, **man kann sich nicht wirklich verstecken!** Und wenn jemand auch meint, sich vor der ganzen Welt irgendwo in einem Versteck einsperren zu können und für die ganze Welt unsichtbar und unauffindbar zu sein, ist er wieder nichts anderes als er selbst, der so reagiert und handelt wie er handelt und reagiert. In so einem Versteckt spiegelt er sich etwas besonders stark, weil er dort höchstwahrscheinlich wirklich nur ganz alleine, auf sich selbst, gestellt – nur mit sich selbst, ohne jegliche Ablenkung ist. **Man kann vor sich selbst nicht flüchten!** Klar, ein Mensch versucht es immer wieder. Man kann so tun als ob. Man schaut nicht in bestimmte Ecken von sich selbst, verschließt die Augen, hält sich die Ohren zu usw. Aber auch dann, besonders dann, bleibt man mit sich selbst, bei sich selbst – man bleibt man selbst!

Das war zuerst einmal zu deinem persönlichen Thema, was doch noch mit dem letzten, nicht abgeschlossenen Thema, dem Schweigen, zu tun hatte. Du wundertest dich letztes Mal, warum wir plötzlich zur Eifersucht übergesprungen sind, als du glaubtest, dass es noch um Schweigen gehen soll. Aber darum ging es gerade, um das Thema, über das man nicht spricht, das man wegschweigt und überhaupt in der Form, wie wir es beschrieben haben, würdest du selbst es am liebsten nicht aussprechen und aus diesem Buch löschen. Es zeigt nur auf, wie Menschen Themen tabuisieren. In jeder Gesellschaft oder Kultur gibt es, ob offiziell oder stillschweigend vereinbarte Themen, über die man nicht spricht oder es sich nicht gehört, darüber zu sprechen. Wenn, dann tuschelt man nur „unter sich" darüber oder zeigt mit dem Finger auf die anderen. Als gäbe es Themen, die immer nur die anderen betreffen – das kann einem nur die verkehrte Logik einreden. Sobald ich fähig bin, irgendetwas zu erkennen, zu sehen, zu hören, zu benennen, hat es automatisch mit mir selbst zu tun, aber was? **Der Spiegel sagt nicht, dass das, was ich in ihm zu sehen glaube, das ist, was ich bin. Der Spiegel sagt nur, dass ich fähig bin, das, was ich in ihm sehe, zu sehen. Das heißt, der Spiegel informiert uns eigentlich darüber, wozu wir fähig sind es zu erblicken und wo unser augenblicklicher Fokus, unsere Aufmerksamkeit, die Resonanz ist.** Also, wenn ich bei anderen zum Beispiel manipulative Tendenzen erkenne, heißt es nicht automatisch, dass ich selbst manipulativ bin. Es heißt nur, dass ich wahrscheinlich Manipulation kenne, sie schon irgendwann am eigenen Leibe erfahren habe (in welcher Form und von welcher Seite auch immer). Ich bin also gerade dabei, dieses Thema für mich selbst zu entdecken, zu bearbeiten, zu erkennen, zu erfahren, zu verstehen.

Weiter...

wenn unser letztes Thema eine Welle von Unmut verursacht hat, dann war es genau das, was ich nicht umsonst betone: Alles hängt mit allem zusammen, alles hat einen Sinn.

Würde man es durch dieses Erwähnte betrachten, würde

man wissen, dass wir letztes Mal das Thema angesprochen haben, also ins Bewusstsein gebracht haben und dass dieses Thema, wie schwierig oder schwerwiegend es auch sein mag, einen Sinn hat.

Wenn jemand beim Lesen darauf gekommen ist: „Das stimmt für mich aber nicht so!", dann: „Bravo!". Dann hatte er die Möglichkeit, sich das eigene Gefühl, die eigene Überzeugung, die eigene Wahrheit – auch wenn vielleicht nur die momentane – bewusst anzuschauen, zu entdecken. Da ist er schon wieder einen Schritt weiter in der Bewusstwerdung darüber, was in einem lebt, keimt. Wenn man eigene Thesen, Überzeugungen, Wahrheiten entdeckt, dann hat man die Möglichkeit sie zu hinterfragen: Sind sie wirklich die eigenen? Sind sie überhaupt noch aktuell? Oder basieren sie auf einer Überzeugung, Kränkung, Verletzung aus der Kindheit? Stammen sie von den Eltern oder anderen und ist es nicht an der Zeit sie zu aktualisieren, zu transformieren, so umzuwandeln, wie es einem selbst aktuell entspricht, sich nach eigener innerer Wahrheit gut anfühlt?

Das Leben bietet einem Menschen täglich, bei jedem einzelnen Schritt, bei jedem Atemzug, den er macht, die Möglichkeit, in den Spiegel zu schauen, sich zu erkennen, eigenes Bewusstsein zu transformieren. **Das ist das Wunderbare an einem Leben. Mit jedem Schritt bekommt man die Chance, immer bewusster zu sein und immer aufs**

**Neue für sich zu entscheiden bzw. sich für sich selbst zu entscheiden.** So ist das Leben hier auf der Erde ein Wunder. Es gibt hier kein Geheimnis für einen! Es gibt nichts, was jemand vor anderen verstecken, wegschweigen kann. Ob man sich darüber bewusst ist oder nicht. Man begegnet jeden Tag, jede Stunde und jede Minute allem und allen Informationen, die man gerade braucht. Das größte Geheimnis, die größte, die teuerste Einweihung durch andere, durch fremdes Wissen nützt einem nichts, wenn man nicht so weit ist, es zu verstehen, sich die eigene Wahrheit daraus zu entnehmen. Aber! – alles hat seinen Sinn, so auch eine „gekaufte" Einweihung – man hat nämlich die Möglichkeit, zu erkennen, dass man dort sucht, wo die eigene Sprache nicht gesprochen wird, wo fremde und nicht die eigene Wahrheit ist oder einfach, dass man noch nicht soweit ist.

Geheimnis, das ist etwas, was in dieser Kultur, dieser Zivilisation „zieht". Es ist ein Wort, ein Begriff, der sofort die Aufmerksamkeit von Menschen fesselt. Ob bewusst oder unbewusst verschiebt es ihre Aufmerksamkeit dorthin, wo sie ein Geheimnis ahnen. Warum? Weil dort, wo alles offengelegt ist, wo jedem alles zugänglich ist ... dort braucht man nichts zu suchen. Dort braucht man einfach nur hinzugehen, anzuschauen bzw. sich das zu entnehmen, was man braucht. Aber Geheimnis, das ist irgendetwas, was einem suggeriert: Dort ist etwas <u>Besonderes!</u> versteckt, über das man keine Eigenmacht hat. Und was wenn dort gerade das für das eigene Weiterkommen, das eigene Wohlbefinden, das eigene Glücklichsein, das eigene Leben Auschlaggebende verborgen ist? Also lässt der Mensch alles liegen und eilt dem Geheimnis nach, um zu sehen, umentscheiden zu können, ob man es braucht oder nicht. Auf so einem Wissen basieren viele religiöse, gesellschaftliche, politische, wirtschaftliche, soziale oder andere (erfundene) Systeme bzw. Strukturen hier bei euch. Man weiß über das Geheimnis bzw. die Phänomene der Mystifizierung. Man weiß, das bindet die menschliche Aufmerksamkeit, das lenkt sie auf eine gewisse (gewollte) Spur und lässt ihnen keine Ruhe. Alles hat einen Sinn – auch in so einem Fall, wenn man aufgrund der Glückssehnsucht „auf den Leim gegangen ist". Man hat wieder die Möglichkeit, sich zu erkennen, was man bereit ist für das eigene Glück, für das Leben, für das, was einem am Herzen liegt, zu tun. Wo liegen die Prioritäten und über wie viele Leichen ist man bereit zu springen? Wie viel Geld ist man bereit für das Geheimnis auszugeben, wie viel Opfer ist man bereit für die Einweihung zu bringen? Es beinhaltet auch die Information, dass man glaubt, nicht glücklich genug zu sein, einen Mangel an etwas (an Glück oder dem, das glücklich macht) zu haben. Und was macht die verkehrte Logik? Schickt einen auf die Suche. Aber in die verkehrte Richtung. Statt zu schauen: Was ist der Grund? Warum glaube ich, wenig glücklich bzw. unglücklich zu sein? Warum glaube ich, für mein Glück irgendetwas von außen zu brauchen? Von wo kommt diese Überzeugung? Wer hat mir so eine Idee eingeflüstert, dass man dorthin läuft, wo eine Lösung aus so einer Misere, dem bald die ganze Menschheit verfallen ist, angepriesen wird? Dort gibt es für Auserwählte, Zahlende eine (geheime) Lösung, ein Rezept.

Glaubt ihr wirklich, Gott versteckt irgendetwas vor euch? Glaubt ihr, Gott hat sein Reich wie ein Versteckspiel aufgebaut? Oder kommt dem göttlichen Gedanken eher die Offenlegung, Freilegung von Allem was ist näher? Wenn Gott alles ist, was ist, warum sollte er etwas verbergen? Er würde doch in sich selbst Blockaden aufbauen, den Energiefluss (be) hindern, Stauseen bilden – warum sollte er das tun? Weil er ein Masochist ist? Weil er sich unwohl fühlen will? Er ist doch auch der Allwissende, oder? Warum sollte er also etwas tun, wovon er weiß, dass es ihm Unbehagen verursacht, dass die ganze Energie, das ganze Gefüge ins Schwanken bringt? Warum sollte er plötzlich anfangen, Verstecke, Umwege und Brücken zu bauen – nur weil es die Menschen tun?

Also für mich klingt es nicht logisch, auch wenn man sagt, dass der Mensch das Ebenbild des Gottes ist.

Also, ich gehe davon aus, dass im göttlichen Reich alles, jede Information, frei und jedem zugänglich ist. Und wenn das göttliche Reich alles ist, was ist und jede Information dort für jeden frei zugänglich ist und sogar in der für jeden optimalen Form, so wie er persönlich fähig ist sie zu verstehen, so wie er sie braucht und mit ihr fähig ist, umzugehen, warum brauchen Menschen dann noch heimliche Quellen? Weil das, was sie haben, was frei liegt, keinen Wert für sie hat? Weil sie es gewohnt sind zu schauen was der andere hat, was man selbst nicht hat, aber haben könnte und haben möchte?

Warum hat scheinbar einer ein Wissen, dass sich für einen anderen als ein Geheimnis darstellt, das der andere noch nicht hat, wenn doch alles jedem und immer und überall zugänglich ist?

Warum wohl? Weil der eine so weit war, dass er Erfahrungen gemacht hat, Situationen und Informationen begegnete, die für einen anderen noch gar nicht sinnvoll, nicht relevant für seine aktuelle Erfahrung, Entwicklung, Bewusstwerdung waren. Dieses erweckt in den Menschen aufgrund der verkehrten Logik den Eindruck, dass der eine etwas hat, was man selbst nicht hat. Aber wenn der es hat, heißt es nichts anderes als dass er fähig war es so zu verstehen, wie er es verstand bzw. sich irgendein Bild davon machte. Wenn der „mehr Wissende" es als Marktlücke entdeckt und sein gedachtes Wissen auf den Markt bringt und es aus Marketinggründen mit dem Schleier eines Geheimnisses umhüllt, ist es seine Entscheidung und er selbst macht bei dieser „Marketing- und Verkaufssache" wieder seine eigenen Erfahrungen, die ihm das spiegeln, was sie ihm spiegeln. Einem anderen steht es frei, sich von seinen Werbetrommeln berauschen und in den

Bann ziehen zu lassen und die Entscheidung zu treffen, zu glauben, dass es die einzige Quelle ist, wo er das angepriesene Wissen entnehmen kann. Er hat aber auch die Möglichkeit, zu erkennen, dass irgendwo in ihm ein Glaube aufkeimt, dass Gott ihm irgendetwas verwehren, irgendetwas nicht zur Verfügung stellen dürfte, von dem, was er brauchen könnte. So hat er die Möglichkeit in sich zu erkennen an was für einen Gott er glaubt.

Und da sind wir schon näher bei der männlichen Form von Eifersucht: zu glauben, dass der eine mehr Wissen von Gott zugeteilt bekommt als ein anderer, dass der eine von Gott bevorzugt wird, in größere Sachen eingeweiht wird, zu einem größeren Mann erhoben wird. Und der Mann sucht eifrig nach Möglichkeiten, Methoden, Wegen, dieses geheimnisvolle, „größer-machende" Wissen selbst zu ergattern, um sich so selbst einen Vorteil, eine Stellung, die Macht zu sichern, um wieder den anderen, restlichen Unwissenden, einen Schritt voraus zu sein und selbst durch die scheinbare Kleinheit der anderen größer zu erscheinen.

Warum? Was untersucht man bei diesem Thema?

Bei den Frauen haben wir gesagt, ist es die gefühlte Ungerechtigkeit, dass sie an die zweite Stelle, hinter den Mann gestellt wurden. Und im Inneren einer jeder Frau existiert aber die göttliche Information: Das kann nicht sein, weil Gott doch keine „Wichtigkeiten" verteil und nicht bewertet.

Warum sollte es bei den Männern anders sein? Warum sollte plötzlich der eine, der Bevorzugte, der Begünstigte, der Größere, der Machtvollere, der Wissendere sein und dadurch die anderen in den Schatten stellen? Zuerst Mal kann man es so sehen: Wenn jemand jemanden in den Schatten stellt, muss er selbst einen Schatten werfen oder der andere muss an seinen Schatten glauben – das ist ganz einfach. Um aus dem Spiel auszusteigen, heißt es, nicht diesen fremden Schatten zu bekämpfen oder selbst so groß werden zu wollen, dass man auch einen genug großen Schatten werfen kann, um die anderen einzuschüchtern und kleinzukriegen. So etwas redet einem die verkehrte Logik ein. Stattdessen könnte man sich umschauen: Wo steht man gerade? Woran glaubt man und wo ist die Ebene, wo man jenseits des Größenwahns leben kann? Dort, wo das Licht von allen Seiten gleich scheint, dort kann es keinen Schatten geben – würde ich sagen.

Zum Schluss für heute noch kurz zu dem männlich-weiblichen Thema, dass wir so „nebenbei" in den letzten zwei Coachinggesprächen angeschnitten haben. Männlich, weiblich sind Themen und Bereiche, durch die man sich auf bestimmter Ebene, zu bestimmten Erfahrungen fokussiert, definiert, identifiziert. Jeder Mensch (ob Frau oder Mann) hat in sich die Möglichkeit, beide Themen in sich zu erforschen und zu erkennen. Einmal begegnet er ihnen beiden als Mann, ein anderes Mal als Frau. Aber es gibt kein Thema auf dieser Erde, das nur einem Geschlecht vorbehalten wäre. Sonst wären wir schon wieder bei einem Geheimnis. Also ist das Thema Eifersucht nicht nur den Frauen vorbehalten. Die Männer, wie wir gerade gezeigt haben, werden nicht davon verschont. Es gibt vielleicht nur Entwicklungs- und sich mit der Rolle identifizierend bedingte Unterschiede, wie man welchem Thema, von welcher Seite begegnet.

# VORBEILEBEN

*Guten Morgen, wieder Mal! Gestern habe ich nach längerer Zeit einen für mich lustigen, frischen, lebendigen Film gesehen. Man würde wahrscheinlich sagen, einen echten Frauenfilm. Bei den ganzen Krimiserien und Actionfilmen ist es heutzutage wirklich ein Schnäppchen, noch so etwas im Fernsehen zu erwischen. Als wären diese Jahre der Entmystifizierung der Geheimdienste, der Kriminalistik und der Verbrechersuche geweiht. Mehrere Serien am Tag beschäftigen sich immer mit dem Gleichen: Suche, Entdeckung, Jagen, Entschlüsseln, Belauschen, Beschatten, der Wahrheit auf den Zahn gehen, Profiling, den Schuldigen zu finden und zu verhaften, in den Knast zu stecken. Eigentlich müsste man schon satt davon sein, das Prinzip ist doch immer das Gleiche. Aber die Serien scheinen so ausgetüftelt zu sein, dass man doch gebannt vor dem Fernseher sitzt und schaut – nicht ob sie den Verbrecher kriegen – das ist doch klar, dass das immer gelingt – sondern, man schaut irgendwie, welche Wege, welche unkonventionellen Methoden die Gesetzeshüter für die Verbrecherjagd gewählt haben. Keine Ahnung, warum ich gerade dieses schreibe. Eigentlich wollte ich ganz woanders hin. Aber wie du sagst, wird es schon irgendeinen Sinn haben.*

*Was ich eigentlich nur noch erwähnen wollte: Während des*

*gestrigen lustigen Films hat mich plötzlich eine Sicht meines aktuelles Lebens umgehauen. Von irgendwo habe ich auf mich, auf mein Leben heruntergeschaut und festgestellt, dass ich scheinbar nicht kann, will oder nicht fähig bin, mein Leben so anzunehmen, wie es gerade ist. Nicht nur das. Es kam mir so vor, als könnte ich sogar mein Leben nicht so leben, wie es gerade ist, obwohl das selbstverständlich nicht möglich ist, weil, ob es mir gefällt oder nicht, lebe ich doch so und so, wie ich gerade lebe. Aber es ist mir auf einmal bewusst geworden, dass ich scheinbar unzufrieden bin, mit dem, was gerade ist. Und deswegen bin ich in Gedanken ständig wo anders, dort, wo es anders ist als gerade jetzt hier. Als würde ich andauernd in irgendeiner Vorstellung dessen sitzen, wie ich es gerne hätte, statt hier zu sein. Und das reicht noch nicht! Nachdem ich es merkte, versuchte ich, in das Momentane zu kommen. Weil, wenn man es pragmatisch, praktisch, rational anschaut, gibt es doch keinen Grund, sich über das Augenblickliche zu beklagen. Ich tue doch scheinbar gerade das, was ich immer wollte, was ich mir bereits früher, auf einem anderen Sofa, aus damaliger Unzufriedenheit heraus, erträumte. Ich kann es aber irgendwie nicht sehen, fühlen, wahrnehmen, dass es das ist, was ich wollte bzw. will. Und eben auch nach dieser „vernünftigen" Schlussfolgerung gelang es mir noch nicht mal auf Umwegen wirklich, das Jetzt, mein Aktuelles, als die momentane Tatsache anzunehmen – und das kam mir doch ziemlich merkwürdig vor. Als dürfte ich nicht mitbekommen, was ich gerade lebe. Als müsste ich an dem „Jetzt" vorbeileben oder als gäbe es das „Jetzt", was ich glaube, das es ist und es auch so zu empfinden versuche, nicht.*

*Ich sehe schon – ich schneide da schon einige mögliche Antworten selbst an. Aber trotzdem bin ich neugierig, wie du es siehst und was du mir sagst. Also, es scheint mir wirklich so, als läge es nicht daran, dass ich nicht im Jetzt lebe, leben kann, es nicht annehmen kann, sondern eher daran, dass das, was ich glaube im Jetzt zu leben, nicht das Jetzt ist, und das, was es in Wirklichkeit ist, kann ich noch nicht erfassen, verstehen. Als müsste ich mich noch weiter entwickeln, wer weiß wie viele Jahre oder wie viele Leben, um zu verstehen, mir bewusst zu werden, um was es jetzt gerade geht. Das bestärkt auch mein Gefühl, dass man sich als Mensch kaum des Jetzt bewusst werden kann. Wenn, dann vielleicht nur einen Bruchteil davon und dass man Vieles erst rückblickend sehen, verstehen kann. Aber warum spricht man dann dauernd über „im Jetzt zu leben" und dass nichts anderes als das Jetzt existiert, wenn es mir eher so erscheint, als würde alles andere, außer dem Jetzt existieren? Aber das ist wahrscheinlich nur mehr ein Wörtchenspiel. Also, wenn ich mir unter dem Jetzt all die Zeit der Welt vorstelle, statt einen einzigen, winzigen Augenblick, dann ist alles Jetzt. Aber ich glaube, darum geht es mir heute nicht. Das ist zu philosophisch. Ich glaube, es geht um das vorherrschende Gefühl, andauern neben sich zu stehen oder an sich selbst oder dem Leben vorbeizuleben. Ich glaube, das ist wahrscheinlich das, was die Unzufriedenheit mit dem, was gerade ist, verursacht. Also bin ich auf deine Ansicht gespannt.*

Die Sache ist so: Bei einer Sitzung schwierig zu erklären, weil es, wie du es schon bemerkt hast, scheinbar um irgendetwas geht, dessen man sich erst in der Zukunft bewusst werden kann.

Die Bemerkung scheint auch sehr einleuchtend zu sein, dass du wahrscheinlich mit dem Jetzt unzufrieden bist, weil es nicht das Jetzt ist, was du spürst, dass es sein soll. Warum solltest du dir dann unbedingt einreden wollen, dass das anders ist? Wir lernen doch die ganze Zeit, dem eigenen Gefühl zu vertrauen. Also gehen wir jetzt einmal davon aus, dass es wirklich nicht das Jetzt ist, was du in dir spürst. Was heißt das?

Als erstes heißt das, dass durch dieses unbewusste Gefühl innere Unruhe, Verwirrung und Ängste entstehen genauso auch das Treiben nach der Antwortsuche und das Forschen, was da schief läuft. Wo ist ein Fehler passiert? Wie sollte das Richtige ausschauen? Wenn man sich so etwas bewusst wird, wie du gestern, kommt noch eine weitere Verblüffung dazu. Obwohl du weißt, dass du geführt wirst und du weißt, dass du das tust, was du kannst, um auf dem richtigen Weg zu sein ... trotzdem fühlt es sich nicht richtig, nicht wahrhaftig an. Dieses eine bestimmte Gefühl ist da, das kannst du nicht leugnen. Es ist eines, immer unzufrieden zu sein, einfach aus der Grundeinstellung oder einem Verhaltensmuster heraus oder weil man irgendwo eine genaue Vorstellung, ein Gefühl, ein Bild in sich zu tragen scheint, wie was sein soll, auch wenn man es nicht bewusst erfassen kann. Trotzdem spürt man, weiß man. Und man weiß, dass das, was ist, nicht das ist, was sein sollte. Dann kommt dazu noch die Tatsache, dass du aus deinem Wesen heraus wahrhaftig versuchst, das zu tun, was dir am Herzen, in der Seele liegt und trotzdem scheint es sich nicht als das Wahre anzufühlen. Also, was ist da los? Man steht vor einer undurchdringlichen Wand, in einem Patt. Es gibt keinen bekannten Zug mehr, keinen Schritt, den man machen könnte. Alles sperrt sich. Normalerweise ist an diesem Punkt das Spiel aus. Aber das kann auch nicht wahr sein, dass es nicht weiter geht. Das fühlst du ja auch.

Die Logik sagt in so einem Fall: Es muss noch einen Schritt, einen Zug geben, auch wenn man ihn nicht sieht. Aber egal wie man schaut und obwohl man weiß, er ist dort, sieht man ihn nicht.

Wo ist der Haken?

Was glaubst du, warum boomen diese von dir erwähnten Krimiserien? Weil sie sich mit dem Verborgenen beschäftigen, mit dem, was einem „normalen", ungeübten Menschen und seinem Auge entgeht, ihm nicht auffällt. Sie benutzen neue Gerätschaften und Instrumente, welche helfen sollen, das zu entdecken, was vor ein paar Jahren für alle noch unsichtbar war. Dadurch lernen Menschen immer mehr, dass es das, was unsichtbar ist, möglicherweise doch gibt – nur, dass man es einfach in dem Moment nicht sehen kann. Was nicht heißt, dass es im nächsten Moment auch so ist. Das Zweite, weswegen diese Serien solches Interesse erwecken ist, weil sie sich immer mehr mit der Psyche beschäftigen, weil sie „profilen", Körpersprache und Verhaltensmuster decodieren und dadurch auch vieles für manchen noch Unsichtbares, Unbewusstes ansprechen, sichtbar machen, ins Bewusstsein bringen. Diese Beschäftigung mit der Psyche hilft den Ermittlern im Film, einige Rätsel zu lösen, die sogar auch die ausgeklügeltesten Apparate nicht schaffen. Im Allgemeinen sind in der westlichen Welt der Trend und das Bedürfnis groß, das Unsichtbare, das Verborgene zu entdecken, zu sehen, zu knacken. Das ist nicht schlecht. Man sieht, dass zumindest im Unbewussten, sogar auch bei vielen ungläubigen Thomasen, sich herumgesprochen hat, dass da vielleicht einiges ist, was man nicht sieht oder dass vieles nicht so ist, wie es scheint. Der Haken an den Serien ist aber noch immer, dass man einen Schuldigen sucht. Jemanden, der dann büßen muss bzw. zumindest eine Strafe auferlegt bekommt – aber das ist eine andere Geschichte.

Also sind wir bei dem Wurm, den die halbe, wenn nicht die ganze Welt, zu suchen scheint. Dazu müssen wir noch erwähnen, dass die Möglichkeit besteht, **dass etwas, das als**

**ein Wurm oder Haken empfunden wird, gar kein Wurm oder Haken ist!**

Was, wenn das, was du erfährst, dass sich dein Leben so und so anfühlt und dass du an deinem Leben, an dir vorbeilebst, nichts anderes ist als eine Erfahrung? Was, wenn es darum geht, nicht einen Haken, eine Lösung, eine Verbesserung des Zustands zu suchen – weil kluge Bücher es so sagen, dass man im Jetzt und bei sich leben soll – sondern: einfach zu erleben, wie es ist, so (entfernt) zu leben. Wie soll man sonst so etwas Selbstverständliches wie bei sich, mit sich zu leben bewusst erfahren, ein Bewusstsein dafür bekommen, wenn man als Mensch keinen Vergleich hat? Klar klingt es komisch, an sich selbst vorbeizuleben, wenn man glaubt, gerade alle Gründe zu haben, um mit dem Leben zufrieden zu sein, wenn man „endlich" das lebt, was man immer wollte. Aber wann sonst sollte man eine bewusste Erfahrung machen? Dann, wenn alles schief läuft, auf Umwegen nicht funktionieren will, wenn sich scheinbar alles gegen einen verschworen hat? In dem Moment ist einem meistens das Bewusstsein „wurst". Man ist gezwungen zu handeln, egal ob man im Jetzt oder in der Vergangenheit oder in der Zukunft schwebt, ob man bei sich oder neben sich steht. Und auch, wenn man es merkt, scheint es nichts Verwunderliches zu sein, wenn man sich im Geiste vom ungemütlichen „Jetzt" zu besseren Zeiten flüchtet. Aber dann, wenn es scheinbar nicht notwendig ist, kann man es bewusst erleben und vielleicht einige Überraschungen, Erkenntnisse auf sich zukommen lassen – selbstverständlich im Vertrauen auf die göttliche Führung – wie sonst.

Die zweite Sache, die du angeschnitten hast: Sich im Moment bewusst werden, um was es geht. Ich glaube, du meinst eher, denn Sinn dessen zu verstehen, warum alles gerade so verwirrend ist, warum sich das Leben gerade so darstellt, wie es sich darstellt. Wie du trefflich gesagt hast, dessen kann man sich als Mensch meistens später als jetzt bewusst werden, weil es für den Menschen meist erst dann einen Sinn ergibt, wenn er „alle" Faktoren, die er dazu braucht, auch schon kennt. Und wenn er gerade erst im Erfahren ist, das heißt, er ist erst im Erfahren von einzelnen Puzzleteilen (es stehen ihm noch ein paar Schritte, ein paar Tage bevor), ist es nur logisch, dass ein paar Informationen, das noch nicht Gelebte, noch nicht Erfahrene, fehlen.

Überraschend für dich ist auch deine eigene Schlussfolgerung. Obwohl du scheinbar das lebst, was du immer wolltest, fühlt sich das jetzt trotzdem nicht nach dem an, was es sein sollte, wobei die Betonung in diesem Falle auf „jetzt" und nicht auf dem Leben selbst liegt. Es scheint also nicht darum zu gehen, zu erspüren, wie es richtig sein sollte, sondern es geht gerade um dieses seltsame, unvermeidliche Gefühl, dass etwas „jetzt" eigentlich anders sein, sich anders anfühlen soll. Also ein Hinweis darauf, dass irgendetwas nicht stimmt.

Und das, meine Liebe, ist ein Mysterium! Überhaupt: dann, wenn ich behaupte, dass dein Gefühl dich nicht trügt, es sollte wirklich anders sein, als es ist bzw. besser ausgedrückt, als du glaubst dass es ist. Wie du schon selbst gemerkt hast, ist die Betonung auf: „wie du glaubst, dass es ist". Und damit es noch verzwickter wirkt, muss man dazu sagen, dass du sogar nicht einmal daran glaubst, dass es das ist, was du siehst. Aber warum siehst du es denn dann so?

Da sind wir schon wieder bei der Geschichte mit der Erfahrung. Also kein Haken, kein Wurm, nichts. Nur einfach annehmen, dass es jetzt so ist und es bewusst erleben, diesen Zustand. Es wird schon irgendeinen Grund haben, warum du es jetzt so siehst, obwohl du weißt, dass es nicht das ist.

Ich meine, irgendwo willst du es so sehen …

… und irgendwo willst du nicht das sehen oder traust dich nicht, es so zu sehen wie du ahnst, dass es sein soll. Wenn ein Haken irgendwo ist, dann nur dort, in der Annahme oder Formulierung – dass es anders sein soll, wie es ist. Das ist verkehrt. **Es ist so, wie es sein soll. Nur, man sieht nicht das, was es ist.** Das ist die Geschichte und das lassen wir jetzt so im Raum stehen.

# DIE SCHÖPFERISCHE DEPRESSION

*Ein Maler, Musikant oder sogar ein Schauspieler ... ihre Kunst kann man verschieden interpretieren, individuell erklären, unterschiedlich betrachten. Der Künstler kann sagen: „Nein, so habe ich es nicht gemeint. Das habe ich nicht dargestellt. Das ist deine Vorstellung. Du hast das so in meine Darstellung hineininterpretiert." Die Kunst ist wahrscheinlich auch deswegen interessant, weil sie so geheimnisvoll ist, als wäre sie kodiert. Die ganze Welt kann raten, höhere Wahrheiten und die Absichten des Künstlers darin suchen. Aber das, was ich mich bemühe aufzuschreiben, zum Beispiel auch diese Gespräche, ist nur ein Spiegel dessen, wie ich lebe. Ich „bemühe" mich nicht zu verbergen, nicht zu verzerren. Vielleicht kann ich gerade deswegen nicht malen und musizieren. Mein Anliegen ist es, mich klar auszudrücken – einfach, verständlich, unmissverständlich. Ich möchte ohne Umschweife das Aufschreiben, um was es mir geht, was ich denke; obwohl ich weiß, dass auch dann noch jedem Leser seine eigene Interpretation bleibt. Ich weiß, dass es diskutabel ist und dass auch ein Maler oder Musiker versucht, durch den Pinsel oder durch die Noten sein innerstes Inneres auszudrücken und sich danach sehnt, in seiner eigene Wahrheit verstanden zu werden bzw. der Welt die Welt zu zeigen, die er sieht und umgekehrt. Selbstverständlich kann man auch das Aufgeschriebene verleugnen, erklären, analysieren, umdrehen – aber darum geht es doch nicht.*

*Um was es in diesen Tagen bei mir geht, weiß ich eigentlich nicht. Das ist doch das, warum ich mich hingesetzt habe, um mich mit dir zu besprechen, obwohl ich mit den Dingen noch nicht fertig bin. Trotzdem dass in den letzten Tagen lauter Wunder geschehen sind und mir Sachen gelungen sind, von denen ich vor ein paar Wochen noch nicht einmal geträumt habe und ich einerseits glücklich, zufrieden und dankbar dafür bin, kommt auf der anderen Seite eine tiefe Trauer und Unzufriedenheit über mich, gepaart mit einem Verlustgefühl und Einsamkeit, die gleichzeitig in mir ein großes Unverständnis zu dem, was da in mir vorgeht, hervorrufen. Ich verstehe dieses Dilemma nicht. Die Diskrepanz der Gefühle. Ich verstehe nicht, warum ich trauere, wenn eigentlich alles wie geschmiert läuft – zumindest scheint es mir so. Warum, wenn ich endlich das tue, was ich immer wollte, wonach ich mich sehnte? Warum kommt es mir so vor, als ob mir irgendwo das Leben unter den Händen wegrinnen würde? Und das, obwohl ich „gebäre" und fruchtbringende Dinge tue. Warum kommt es mir so vor, als würde ich etwas verlieren, unwiderruflich verlassen, aufgeben? Ist das das Gefühl, an dem viele Künstler zerbrechen? Ist in dieser Welt das (Er)Schaffen automatisch mit einer Depression verbunden? Ist das ein Fluch? Ist das eine Art „(Maut)Gebühr" für die Erlaubnis, in die Tiefe einzutauchen und von dort ein Stück davon ans Tageslicht zu holen/zu bringen, was normalerweise verhüllt bleibt? Ist das der Grund? Will es* mich darauf hinweisen, dass Kunst etwas Verkehrtes wäre, weil sie die Regeln verletzt und die bekannte, gesehene Welt damit (ver)stört; weil sie etwas zeigt, was keiner sehen sollte? Ist das der Grund der „künstlerischen" Depression? Das schlechte Gewissen? Hat ein Künstler das Gefühl, dass er mit dem Teufel einen Pakt geschlossen hat? Dass er seine Seele verkauft hat? Dass er etwas Unerlaubtes getan hat? Dass er einen Blick in die geheime, verbotene Kammer geworfen hat? Dass er auch andere dorthin verführt hat? Weil: Nicht genug, dass er es selbst erblickte, hat er es doch auch den anderen gezeigt? Oder ist diese Depression das Ergebnis der anstrengenden Geburt? Wie bei einer normalen Geburt – wo der Körper erschöpft ist und der Verstand und die Gefühle nicht mehr mitkommen, weil sich in einem einzigen Augenblick die Welt durch die Geburt eines neuen Geschöpfes verändert und damit die Altbekannte unwiderruflich verschwindet? Ist es das, dass der Mensch irgendwie den Boden unter den Füßen verliert und noch nicht weiß, was ihn erwartet, wenn er sich auf einmal in einer neuen Welt findet? Und war die alte Welt auch nicht schon immer neu gewesen? War dort auch nicht jeden Tag jeder Schritt ein Schritt ins Unbekannte?

Oder ist die Depression deswegen, weil sich der Künstler plötzlich vom Gewicht seines eigenen Werkes erdrückt fühlt? Die eine Sache ist die eigene Geburt – ein kreativer Prozess: die Zeit, während der er einzelne Teile in ein Gesamtwerk verbindet und vor den Augen noch nicht das Endergebnis *dessen vor Augen hat, was er da so „anstellt". Während der schöpferischen Phase kann er doch noch hoffen, verändern, anpassen. Aber sobald es endlich fertig ist, scheint es unrealistisch, gar unglaublich zu sein. Die Welt des Kreierens, der Weg des Schöpfens, des Erschaffens war irgendwie viel lebendiger, plastischer, greifbarer und interessanter als das fertige Werk. Ist es das geworden, was er wollte? Ohne Fehler? Zweifel kommen hoch ... Wer kommt, begutachtet und sagt, ob das Werk endgültig fertig ist? Dass es genauso ist, wie es sein sollte? Ist es ein Teil von ihm? Ist er das? Er schaut es an und sieht sich nicht. Das sollte er sein? Überraschung ... Und jetzt sollte er das, wovon er nicht weiß, ob es das ist, was er erschaffen wollte, der Welt zeigen? Müsste, sollte, könnte er nicht noch etwas daran korrigieren, anpassen? Und wozu überhaupt zeigen? Wem? Wer hat schon Interesse daran, sein Inneres, seine Sicht, sein Fühlen, seine Welt zu erfahren? Ist es nicht besser, alles zusammenzupacken, zu beenden, zu flüchten? Aber wozu hat er es dann getan? Für wen? Für sich? Warum brauchte er es, es für sich sichtbar zu machen? Er sah es doch bereits in sich – tausende Male. Er fühlte es, dachte es, verstand es – oder nicht? Ging es von Anfang an nicht darum, es zu zeigen, mit anderen zu teilen, mit eigener Sprache zu übersetzen, um es dann zu kommunizieren? Tausende, Millionen Fragen und keine Antwort.*

*Wer sollte zu mir kommen und mir sagen, dass mein Werk fertig ist? Sie wissen doch nicht, was ich wollte, was ich erschaffen wollte. Sie ahnen nicht, um was es mir ging. Gerade deswegen formte ich es in die Materie, damit sie eine Ahnung bekommen, damit wir darüber sprechen können, damit es ein Eingangstor gibt, eine Bühne, einen (Aus)Weg ... Aber was passiert, wenn sie nicht verstehen, wenn sie nicht erblicken, wenn sie nicht begreifen? Monate, Jahre eines tiefgreifenden Prozesses und Anstrengung – der ganze Geist, die ganze Seele, das Herz, mein Blut – alles ist in diesem (m)einen Werk. Und wenn es Menschen ablehnen? Wenn sie sagen, dass es „Nichts" ist? Was dann? Mit einem neuen Werk beginnen? Sich mehr bemühen, es sichtbarer, klarer, strahlender zu machen? Lernen, zu verstehen, was andere brauchen und sich ihrem Geschmack anpassen? Wem? Wessen Geschmack? Seinem? Sie sind doch viele ... Wozu also weiter schöpfen? Die Situation scheint ausweglos, unlösbar zu sein ... Alles so lassen wie es ist und nichts mehr weiter tun? Auf die ganze Welt sch ..., auf die Menschen, auf sich selbst? Aber wenn ein Mensch als Künstler geboren wurde, geboren, um zu erschaffen ..., was bleibt von ihm, wenn er aufhört? Frust, Enttäuschung, Misstrauen, Unverständnis, Leere ... weil keine Erfüllung? Er spürte doch in sich, dass es so hätte sein müssen, dass es okay war, dass er deswegen auf diese Welt kam ... Hat er sich in seinem eigenen Gefühl geirrt? Versagte er in seinem Inneren, in dem, in was er am meisten vertraute, was ihn zu einem Künstler machte: das Gespür, Vertrauen, die Sicht? Selbst dachte er, zu verstehen und begriff er es doch nicht? Selbst dachte er, dem Leben, sich selbst, dem schöpferischen Prozess zu vertrauen und tat er es doch nicht? Ging es darum? Kam er deswegen auf diese Welt, alles zu erkennen, was er alles glaubte zu sein, zu sehen was davon er nicht ist? Oder kam er auf diese Welt, damit er versteht, dass die Welt in ihm ist und nicht außerhalb von ihm? Dass die Welt, in die er vertraute, die eigene ist und nicht die der anderen? Oder kam er mit Vertrauen in diese Welt und ließ er sich erschüttern? Kam er, um der Welt den schöpferischen Prozess, den Prozess des Lebens und der Menschlichkeit vor Augen zu führen? Gehört das Zweifeln nicht doch zur Menschlichkeit, zum Menschsein? Kam er nicht in diese Welt, um sich selbst zu überzeugen, wie weit, wie tief sein eigenes Vertrauen in sich und ins Leben reicht? Ist das nicht so etwas wie eine selbst auferlegte Prüfung, wie ein Hürdenlauf, damit er sich als „Künstler" merkt, welche Hürde für ihn noch eine Hürde darstellt? Was ihn noch verunsichert, von seiner eigenen Absicht, dem Vertrauen abbringt? Ist nicht jeder Mensch ein Künstler? Kam der Künstler nicht, um der Welt zu zeigen, dass es jedem Menschen möglich ist, zu kreieren, zu schöpfen, zu erschaffen und einzutauchen; die innere Welt und die mit Geheimnissen umwobenen Kammern zu öffnen? Kam er nicht, um aufzumachen, statt aufzugeben? Kam er nicht mit dem tiefen Verständnis zu Menschen und dem Leben, statt auf alles zu „scheißen"? Kam er nicht mit dem Bewusstsein, dass, egal was er tut, was er erschafft, welches Werk auch immer – dass alles aus ihm und aus IHM ist? Kam er nicht in dem Vertrauen, dass er sich die Finger nicht verbrennen, dass sein Werk keinen Fehler aufweisen kann, weil er ein Teil von IHM ist?*

*Warum also diese Zweifel, die Depression?*

Weil er auf die Welt kam und vergaß, dass er von IHM kam.

*Aber will nicht gerade ein Künstler erinnern und uns Gott wieder näher bringen? Ist das nicht das Ziel seines Werkes?*

Ja, er schöpft ja aus dem Göttlichen.

Aber dafür, dass er sich dessen bewusst wird, **muss er sein eigenes Menschsein begreifen**. Deswegen kreiert er in erster Linie für sich selbst und für niemand anderen. Er hat die Möglichkeit, in seinem eigenen schöpferischen Prozess sich selbst zu sehen, zu erkennen und sich zu erinnern, die Augen und Ohren zu öffnen. Und wenn er selbst begriffen hat, wenn er sich selbst in seinem Werk erkannte, das Leben und die Liebe darin erblickte – also das Göttliche – dann weiß er genau, welche Sprache sein Werk spricht, welche Botschaft es in sich trägt. Erst dann fühlt er sich von seinem eigenen Werk nicht mehr erschlagen, wenn er selbst verstanden hat, dass sein eigenes Werk auch im Menschen gewachsen ist und nicht mehr das Gefühl hat, dass seine Schöpfung größer ist als er selbst. **Das ist die Kunst. Das ist die ganze „Zauberei" – als Mensch durch den Menschen das Leben, die Welt zu verstehen, sich bewusst werden.**

Das Leben ist das Öffnen und nicht das Verstecken. Das Leben ist die Liebe und nicht der Ärger und die Angst. Das Leben ist das Verständnis, die Toleranz, die Annahme und nicht die Ablehnung. Das Leben ist das Vertrauen und nicht das Zweifeln. Und das, was nicht das Leben ist, ist das (Ab)Sterben. Von Gott kommt das Leben und nicht der Tod. Es existiert. Also lebt nur das, was das Leben ist, also das, was Gott ist. Alles andere ist eine Illusion, die sich Mensch gebildet hat, damit er erkennt, dass er das Leben in verschiedenen Formen ist.

# DIE KAMMER DES VERGESSENS

*Guten Morgen einmal wieder auf Deutsch! Letztes Mal haben wir uns auf der slowakischen Seite über den schöpferischen, kreativen, künstlerischen, gebärenden Vorgang unterhalten.*

*In meinem Leben geht es noch immer zu diesem Thema wunderlich weiter. Wunderlich deswegen, weil ich kaum mit dem mich über mich selbst wundern, was die momentanen Umstände mit mir machen, nachkomme. Das erste Buch ist schon längst geschrieben. Es ist eigentlich schon anderthalb Jahre her, als ich die letzten Buchstaben im „Rohmaterial" geschrieben habe bzw. durch die ich die Jan-und-Klara-Geschichte beendete. Ich dachte, das war hauptsächlich der schöpferische und gebärende Vorgang. Alles andere sollte nur mehr das Praktisch-Technisch-Organisierende sein. Aber aus heutiger Sicht gesehen, fiel mir scheinbar das pure Schreiben leichter, auch wenn es mein erstes Buch war, als das, was nachher kam. Schon die Zeit, die dieses Praktisch-Technisch-Organisierende in Anspruch nahm, dauerte fast drei Mal so lang wie das eigentliche Schreiben. Nicht nur das. Aber es schaut so aus, dass ich in dieser Zeit der Korrekturen, des Lektorats, der Covergestaltung, des Layouts, des Satzes, des Druckens usw. weitere fünf oder sechs Bücher geschrieben habe. Also eine unglaubliche Zeit. Das erste Buch noch nicht aus der Druckerei abgeholt ... und schon warten weitere sechs in der Warteschlange. Es scheint mir, als hätte ich mir selbst eine Zeit vorgezeichnet, in der ich nur all das nacharbeite, was ich in dieser schöpferischen Phase so aus mir herausgebracht habe. Weil, wenn es mit den weiteren sechs so weitergeht wie mit dem ersten Buch, dann beschäftige ich mich noch in zehn Jahren damit, was jetzt bereits geschrieben ist – in welcher Weise auch immer.*

*Worauf ich aber eigentlich hinaus will, ist, dass mir die letzten Tage der scheinbaren Finalisierung des ersten Buches, wo es nur mehr – nur mehr ist gut gesagt – um die Hülle des Buches, um das Cover geht, richtig zusetzen. Es kommt mir vor, als wäre ich in irgendeine seltsame Welt geworfen worden, in der ich keine Ahnung habe, was benötigt, gebraucht, gefragt wird, was sich heute „trägt", was das Optimale ist. Irgendwie ist es fast unmöglich, sich auf das eigene Gefühl zu besinnen – es hilft kaum sich zu fragen: „Hey, das Buch habe ich in erster Linie für mich geschrieben. Also was für ein Cover würde mir für dieses Buch gefallen?" – nein, wenn ich versuche, so zu denken, scheinen alle Sicherungen bei mir durchzubrennen. Es wird dunkel in mir und ich kann mich nicht einmal mehr irgendwo vortasten. Sogar bei meiner Homepage habe ich eine ungefähre Vorstellung vom Gesamtbild, vom Design, von der Funktionalität ... aber bei dem eigenen Buch, das schon so lange fertig ist, wo ich eigentlich das Cover schon längst im Kopf oder in mir herumtragen sollte, ist nichts. Keine, absolut keine Ahnung – oder wenn ja, dann verstecke ich es ganz geschickt und gut vor mir selbst. Und nicht nur das. Man könnte meinen: oho – auf diesem Gebiet bin ich nicht zu Hause, das ist nicht meins, das soll ich einfach bei jemand anderem in Auftrag geben. Aber so scheint das auch nicht zu sein, weil: die Cover für die nächsten zwei Bücher warten bereits fertig in der Schublade.*

*Und das ist noch nicht alles. Wie ein blindes Huhn, das ein Korn findet, habe ich scheinbar gestern, vorgestern dann doch endlich das Passende gefunden. Aber irgendetwas in mir kann es nicht realisieren, kann es nicht annehmen, kann es nicht sehen. Es schaut zwar super aus, es schaut echt wie ein Buch aus, es passt zu dem Thema usw., aber wenn ich es ansehe – kann ich darin nicht mein Buch erkennen. Es ist wie etwas Fremdes. Ein Buch, das ich mir eben aus dem Buchladen geholt habe, zu dem ich noch keine Beziehung habe, das ich erst lesen muss. Es steht hier bei mir im Regal, ich schaue es an und es sagt mir nichts. Als hätte die Hülle den mir bekannten Inhalt so verhüllt, dass er für mich nicht mehr sichtbar ist. Und das verunsichert mich selbstverständlich. Obwohl alle anderen Anzeichen dafür sprechen, ist es doch nicht das richtige Cover! Aber welches dann? Ein anderes habe ich auch nicht. Dieses ist schon die zigste Version. Eben aus dem Meer der Vorschläge das Optimale herausgefischt, etwas anderes weiß ich wirklich nicht. Und in drei, vier Tagen ist es soweit. Dann muss das Cover in die Druckerei.*

*Und noch immer ist es nicht alles. Was mir dabei auffiel ist: Seitdem diese Version steht, verhalte ich mich selbst irgendwie völlig komisch, wie ein Kind, das nichts mit sich anfangen kann. Verlegen, unsicher, aber doch irgendwie fasziniert. Wie eine Teenagerin, die schüchtern dem ersten Objekt der „Begierde" nachschaut und sich nicht sicher ist, ob es auf der anderen Seite auch funkt. Ich meine – ich erkenne mich fast nicht – ich fühle mich, als ob ich als Kind, als Pubertäre stabiler war als jetzt. Was ist das?*

Meine Liebe ... das, was du gerade erlebst, ist ein ganz natürliche Vorgang des menschlichen Wachsens und sich Entwickelns, um sich zu prüfen, sich im Außen abzugleichen. Was dir bei deinem Buch fehlt, ist der Abgleich mit anderen Bücher. Du müsstest im Buchladen stehen, zwischen all den anderen Büchern und dann sehen, ob du es als deines erkennst oder nicht. Zuhause, es quasi mit sich selbst zu vergleichen, ist schwierig. Wie willst du dich in zwei und mehr Jahren Entwicklung, welche in diesem Buch zusammengefasst sind, erkennen, wenn du heute das Buch ansiehst? Heute, und nicht die letzten zwei, zehn, zwanzig, vierzig Jahre. Wenn du in den Spiegel schaust – was siehst du dann? Siehst du dich? Hast du das Gefühl, dass du das bist? Soviel ich weiß: nein. Also, was spiegelt dir dieses Cover? Genau das, was dir auch dein Spiegel jeden Tag spiegelt. Es ist dir fast unmöglich, dich in und hinter einer Hülle zu erkennen. Im Inneren, dort bist du der Profi, dort bist du zu Hause, aber die

Hülle, die macht dir Probleme. Auch deswegen, weil diese so wandelbar, austauschbar ist. Vielleicht verstehst du in deinem Inneren den Zweck einer Hülle nicht oder missverstehst sie. Vielleicht ist es das, was dich die letzten Tage so schwitzen lässt – die Erfahrung im Außen, sozusagen in einem anderen Körper – dem Körper des Buches – vielleicht bist du dabei mehr Verständnis zu diesem Thema zu entwickeln. Bei dir selbst kommt dir manchmal der Körper, die Hülle einengend, sogar behindernd vor. Es scheint dir oft unmöglich, der Hülle eine passende Kleidung „anzuziehen", sie so optimal zu tunen, dass du das Gefühl hast, dass sie das ausdrückt, was du im Inneren fühlst das du bist. Verzweifelt versuchst du seit eben deiner Teenagerzeit, seitdem dir dein äußeres Bild und seine Wirksamkeit nach außen bewusst geworden ist, dich so zu trimmen, dass du dich beim Anschauen im Spiegel nicht fragst, wer da eigentlich zurückschaut, dass du dich nicht erschreckst bzw. nicht ekelst bzw. nicht das Gefühl hast, dass du in die Welt mit dem Bild rausspazieren kannst, wie du wirklich bist, damit jeder die Möglichkeit hat, deinem wahren ich zu begegnen, ohne dass er von der Hülle getäuscht wird. Aber **ist das der Zweck einer Hülle?** Ist das der Zweck von einem Cover des Buches, **schon beim bloßen Anschauen den gesamten Inhalt zu verraten?** Wozu würde man dann die Millionen von Buchstaben brauchen, die so nett und liebevoll, fürsorglich auf den vielen Seiten aufgeschrieben sind? Und wäre es einem Menschen eventuell möglich bei nur einfachem Betrachten, in die Tiefen, in die

Geschichten, in das Erfahren vorzudringen, wären diese Welt und die Menschen selbst auch schon ganz woanders und es würde zum Beispiel nicht so viele Brillenträger geben. Ein Buch, dein Buch, versucht den interessierten Menschen zu helfen, bestimmte Erfahrungen näher zu bringen. Die vielen Buchstaben haben einen bestimmten Sinn. Sie sind in einer gewissen Tonlage, einer gewissen Frequenz geschrieben und so begleiten sie den Leser, der solche Erfahrung machen möchte, behutsam, einstimmend, einen Schritt nach dem anderen, ein Buchstabe nach dem anderen, zu seiner eigenen Erfahrung, zum Erfahren, zum Erleben. Der Vorteil des geschriebenen Wortes, eines Buches für einen Menschen ist, dass er die Geschwindigkeit seiner Erfahrung selbst steuern kann. Er kann das Buch jederzeit beiseitelegen, das Lesen unterbrechen und sogar die Erfahrung abbrechen.

So sind wir auch gleich bei einem anderen Thema angelangt – dem Betrachten und warum es so viele blinde halb-, und fastblinde oder sogar möchtegerne blinde Menschen auf diesem Planeten gibt. Wirklich betrachten heißt zu sehen. Und zu sehen heißt gleichzeitig zu wissen, was auf der menschlichen Ebene aber nicht heißt, dass der Mensch bewusst wissen muss, was er gesehen hat, aber er kann es – die Möglichkeit besteht. Und der zweite Faktor ist: **das Sehen geschieht in einem winzigen Augenblick. Man hat entweder gesehen oder nicht.** Der dritte Faktor ist: man weiß im Voraus nicht ganz genau, was man sehen wird. Also kann man sich nicht wirklich entscheiden, ob man es überhaupt sehen will oder nicht. Wenn man es gesehen hat, dann ist es schon zu spät, sich zu sagen: „Hoppla, das wollte ich eigentlich nicht sehen!". Und wie viele Male hat ein Mensch hingeschaut und wie viele Male hat er sich gesagt: „Verdammt, hätte ich bloß nicht hingeguckt ..." **Was bleibt dem Menschen in so einem Fall für eine Möglichkeit, wenn er eigentlich das nicht mehr sehen will, was er gesehen hat?** Er kann es im Prinzip nicht mehr nicht sehen, weil es in ihm wie ein Abdruck, ein Foto bereits gespeichert ist. Das Bild ist da, weil es eine Erfahrung ist, die der Mensch im Moment des Betrachtens gemacht hat. Also eine Lösung hat der Mensch gelernt, zu vergessen. Nicht, dass das Vergessen selbst eine spezielle Eigenschaft und Qualität oder ein besonderer Vorgang wäre. Das Vergessen ist eigentlich eine Entscheidung, in der man sich entscheidet, das Gesehene, das Erfahrene nicht mehr zu sehen, an das in seinem Bewusstsein nicht mehr erinnert werden möchte. Also macht er nichts anderes, als dass er es aus seinem „bewussten Bewusstsein" aussperrt. Weil es nicht anders geht, erschafft er irgendwo, soweit vom eigenen Bewusstsein weg wie möglich, eine Schublade, wo er dieses Ding ablegt, die Schublade deutlich markiert, damit er nicht irrtümlich wieder hineinschaut. Und wenn er schon so etwas Schönes erfunden, erschaffen hat und es sich ganz gut bewährt hat und zu funktionieren scheint, dann bietet sich ganz gut an, diese Schublade eben für solche Sachen, die man lieber vergessen will, zu benutzen. So kann der Mensch gefahrloser irgendwo hinschauen, weil er weiß, wenn er dort etwas Unpassendes erspäht, legt er es einfach unter Verschluss ab und fertig.

Aber das war vielleicht einmal! **Die heutige Zeit ist die Zeit der Klärung, des Aufräumens, des Befreiens. In dieser Zeit geht es nicht mehr darum, diese Schubladen weiterhin aktiv zu halten.** Es geht auch nicht, weil diese Schubladen übervoll sind. Man kann sogar sagen: Der Mensch ist zu einer einzigen Schublade, zu einem Versteck geworden – voll mit dem, was er über die Zeit bereits hunderte Male gesehen hat und eigentlich nicht sehen wollte, gehört hat und nicht hören wollte, erfahren hat und nicht erfahren wollte. Er fürchtet mittlerweile diese Schublade wie den Teufel, was nur logisch ist, weil er weiß, dass dort eine Menge von Unangenehmem sein muss, sonst gäbe es wohl keinen Grund, es vergessen zu wollen. Aber das ist die verkehrte Logik! Das Nächste ist, dass sich der Mensch im Prinzip vor sich selbst fürchtet, weil er ahnt, dass er selbst die Schublade ist. Eine prekäre Lage. Und jetzt stelle dir vor: Gäbe es keine Hülle, hätte der Mensch kein „Cover", keine Fassade, würde er beim Anblick von sich und von anderen in einem einzigen Moment all das sehen, was er eigentlich fürchtet und glaubt, dass er es fürchtet. Deswegen ist eine „Hülle" von ihm selbst so konzipiert, dass er furchtlos hinsehen kann und doch nicht sieht. Die Hülle ist eigentlich eine neutrale Tür, die nicht wirklich verrät, was sich dahinter verbirgt. Man will ja auch nicht, dass die anderen sich vor einem selbst erschrecken und davonlaufen.

Also ist der Zweck der Hülle in dieser Welt, in dieser Zeit, in diesem Augenblick, im wahrsten Sinn des Wortes zu verhüllen, zu verschleiern, unsichtbar zu machen. Sie sollen möglichst solche Ausstrahlung haben, die dem anderen projiziert, dass da nichts Gefährliches drinnen steckt, dass es harmlos ist: „Du kannst mir ruhig begegnen, es passiert dir nichts, ich bin gut verschlossen!" und nur der, der sich wagt, kann die Tür öffnen und hineinschauen, aber auf eigene Gefahr, auf eigene Verantwortung.

Die verkehrte Logik flüstert einem Menschen zu, für umso gefährlicher er sich selbst oder seine Schublade hält (als Gegenpol), umso harmloserere Hüllen zu konzipieren. Und jetzt schaue dir das entstandene Cover an, was siehst du? Ein Urlaubsbild – also harmlos. Und warum sollte es anders sein? Würden die Menschen am Cover die mögliche Erfahrung, die sie selbst darin finden, sehen, würden sie das Buch kaum kaufen – so funktioniert diese Welt – sich von Sachen, Situationen, Informationen fürchten, die man nicht fürchten muss.

Der Mensch hat vergessen, dass das, was er ursprünglich in seine Schublade eingesperrt hat, ein gewisses Wissen war, das ihn sonst eine Zeitlang an gewissen menschlichen, also gespaltenen Erfahrungen gehindert hätte. Er musste einen

Teil von seinem Wissen, seinem „ich", ins Unbewusste verbannen, sonst wäre er nicht ein Mensch, im heutigen Sinne. Er versuchte also, sein wahrhaftiges Wesen zu vergessen, um wieder eines Tages zu sich zurückzukehren. Und wo ist die Antwort dafür? Doch in der Schublade, unter der Hülle, unter dem „Cover".

Das Problem ist, dass in der Zwischenzeit der Mensch seine Schublade auch für andere Dinge, die er dann nur mehr aus seiner Angst, Schuldgefühl, Schmerz, Leid nicht sehen wollte, die vielleicht mit ihm selbst gar nichts zu tun hatten, dort einsperrte. Er wusste nichts anderes damit anzufangen und die Schublade des Vergessens hat sich dafür so gut angeboten. Nun, in dieser Zeit der Reinigung, wenn man dabei ist, die dreizehnte Kammer zu öffnen, die Schubladen zu leeren, ist dabei das Schwierige, das einem zuerst all das entgegen springt, was man nicht ist, aber sich einst damit identifiziert hat – also die Angst, die Schuldgefühle, der Schmerz usw. – was ihm immer wieder, kaum hatte er gewagt unter die Oberfläche zu tauchen, gleich darin bestätigt, dass er die Tür sofort wieder schließen und in der Zukunft einen großen Bogen darum machen soll.

Und der Mensch sucht sich ...

Er sucht die höheren Wahrheiten, höheres Wissen, bewundert andere Menschen, die es scheinbar gefunden haben und traut sich selbst nicht dorthin zu schauen, wo er sich sein Eigenes für die Zeit, wenn es soweit ist, abgelagert hat.

Meine Liebe – ist dir jetzt klar, warum dieses Cover optimal ist und warum du nicht im Cover das siehst, was du weißt, das Innen ist? Weißt du, warum du dich beim Anschauen im Spiegel nicht erkennst? Weil es eben im Moment nicht der Sinn und Zweck der Hülle, der Kleidung, der Covers, der Verpackungen ist.

So ist es jetzt im Moment auf dieser Erde. **Die Menschen laufen davor weg, was sie eigentlich suchen** – eben die verkehrt Logik – der Teufelskreis, der nicht zu besiegen ist, solange man sich in ihm dreht. Das ist auch die Antwort, warum das NICHTSTUN manchmal eine Lösung ist, warum das Stehenbleiben, Nicht-weiter-schreiten eine Lösung ist, warum auch das Aussteigen immer wieder eine Lösung ist. Alles, was einen dazu bringt, sich nicht weiter im Kreis zu drehen, im Kreis zu laufen, ist gut, um aus diesem Kreislauf auszusteigen, ihn anzuhalten. Ich meine, wirklich sehr, sehr viele Menschen haben ein ehrliches, wahrhaftiges Bedürfnis, sogar den Willen, sich und das Leben zu finden und sie kommen einfach nicht aus dem besagten Kreis heraus.

**Verstecken, Angst machen, treiben, eilen, in Bann ziehen, abhängig machen, Schuldgefühle zu produzieren, verschleiern, klein oder groß zu machen, sind alles**

**Instrumente des Kreises. So lange ich diesem nachgebe, darauf einsteige, solange ich mich treiben lasse, solange ich eile oder in Eile bin, mich bemühe die Schuld abzuarbeiten, mich nicht zu ängstigen versuche oder so groß, so stark, so kraftvoll werden will, damit ich eines Tages keine Angst mehr vor etwas habe oder solange ich überhaupt etwas zu werden versuche, was nichts anderes ist als ich bereits bin, jemand anderer, solange bin ich getrieben, solange bin ich in Eile, solange laufe ich im Kreis herum, spreche auf diesen Kreis, die Illusion des Kreises an. Solange ich glaube, dass es überhaupt etwas in der wahrhaftigen Welt geben kann, wovor ich mich fürchten muss, dass es im Leben und in mir, in einem, etwas geben kann, was man besser verstecken, nicht sehen, nicht hören, davor weglaufen soll, ist man gefangen. Die Antwort, das Aussteigen, ist immer die gleiche – sich zu besinnen, dass es den Kreis gar nicht gibt und dass sich jeder selbst diesen immer wieder aufs Neue erschafft.**

Um das slowakische Thema des Gebärens und diese Form, der Verpackung miteinander zu verbinden, reicht vielleicht zu sagen, dass auch ein Neugeborenes solch einen Körper, eine Hülle, eine Verkleidung braucht, bis seine Eltern fähig sind, es zu sehen, und es nicht zu fürchten – davon hängt schließlich am Anfang seines Lebens sein Überleben, sein Wachsen ab. Warum sollte es mit anderen schöpferischen Dingen hier auf der Erde anders sein? Auch wenn es sich um künstlerische oder andere Werke handelt, alle sind nach ihrer Geburt wie Babys, die ihre Schutzhülle brauchen, um überhaupt einen Zugang zu finden und sichtbar zu sein und die Möglichkeit zum Wachsen und sich entfalten zu bekommen.

Als erstes könnt ihr in den Spiegel schauen, einmal entpersonifiziert eure Hülle, als eine einfache Hülle ansehen, die euch verrät, wie das ausschaut, was ihr braucht, um nicht Angst vor dem zu haben, was euch von euch selbst trennt oder, was ihr braucht, weil ihr glaubt, dass sich andere vor euch fürchten könnten. Viel Spaß beim Entdecken und Hinsehen und dem Nicht-davor-weglaufen.

Damit sind wir mit diesem doppelseitigen, doppelsprachigen Buch fertig. Es war eine schöne, interessante Zeit.

Danke!

*Danke, bin schon gespannt, auf welcher Bühne, wo wir uns wieder treffen. Schönen Tag noch …*

# ALLES IST IN ORDNUNG

*Auf der deutschen Seite haben wir diese Gespräche bereits beendet. Wahrscheinlich versuche ich ein wenig zu tricksen, wenn ich so tue, als wäre dies auf der slowakischen Seite noch nicht der Fall. So hole ich mir gerne auf der slowakischen Seite noch ein „Bonusgespräch", wenn du erlaubst :)*

*Die letzten Tage erlebe ich, wie man so schön auf Deutsch sagt, „die Achterbahn der Gefühle". Einerseits wird es in mir ruhiger, zufriedener, entspannter; ich bin voll freudiger Erwartung, weil mich nur mehr wenige Handgriffe von dem fertig gedruckten Buch trennen, aber die Vorstellung, das Buch bald in den Händen zu halten, versetzt mich gleichzeitig in eine unglaubliche Traurigkeit, gepaart mit einem Gefühl, dass etwas unwiderruflich schwindet, stirbt. Als würde mich persönlich das Buch langsam verlassen, als wenn es mich nicht mehr braucht, sich selbständig und selbst-lebensfähig macht. Zudem tauchen Ängste und Zweifel über den zukünftigen Werdegang des Buches auf. Was wird weiter mit dem Buch geschehen? Der alleinige Druck ist doch nicht alles, oder? Das Buch müsste „man" jetzt irgendwo platzieren, sichtbar machen, verkaufen und, und, und. Und wenn dies auch gelingt, werden es Menschen auch wirklich lesen? Und was wird dann? Ich weiß. Dazu haben wir doch schon zuletzt auf der deutschen*

*Seite geschrieben. Ich möchte mir aber heute über diese sich widersprechenden Gefühle klarer werden: Freude und Trauer, Zufriedenheit und Angst, Vertrauen und Zweifel. Zuletzt habe ich einen Abend der schon längst vergessenen intensiven Gefühle erlebt ... der Liebe, des Gemeinsamen, ohne Worte zu verstehen, zu wissen, zu spüren, zu berühren. Ich war so überglücklich, diese in mir zu spüren und gleichzeitig war ich aber erschrocken und mit dem Schmerz erfüllt. Als würde ich in demselben Moment sterben und aufleben – für den menschlichen Verstand einfach unfassbar. Am nächsten Tag war es mir möglich, dieses Gefühl der Zugehörigkeit, des Zusammengehörens zu bewahren oder es während des Tages noch wahrzunehmen, obwohl es sich nach und nach aufzulösen, abzuschwächen bzw. zu verflüchtigen begann.*

*Selbstverständlich, dass mein Leid mit dem Unverständnis verbunden war, warum, wenn ich doch noch fähig bin so zu empfinden, warum (?), warum lebe ich nicht ständig oder öfter in diesem weiten, weichen „Liebesgefühl"? Warum ist es nicht möglich, es zu bewahren? Warum schwindet es? Warum flüchtet es? Warum entfernt es sich, lässt uns alleine? „Alleine, mitten in den illusorischen Welten, die uns täglich wie ein großer Drache verschlingen? Doch gerade dieses so vertraute Gefühl, das ich nach mehreren Jahren wieder erlebte, ist das, um das wir uns die ganze Zeit bemühen, ist das, was wir wollen, das, was wir suchen – oder nicht? Oder ist dieses Gefühl nur eine Illusion, nur eine menschliche Vorstellung von etwas,*

*was wir Liebe nennen? Aber gerade dieses Gefühl führt uns doch wieder zu uns, hilft uns, das zu empfinden, das als das einzig Sinnvolle erscheint, das, um was es wahrscheinlich den meisten Menschen im Grunde geht. Dieses Gefühl verdrängte sofort all das Eilen, das Treiben, das Bemühen, das Leiden im Außen in den Hintergrund und ließ uns fühlen, dass alles, so wie es ist, in Ordnung ist und dass es um nichts anderes als darum geht. Meine innere Überzeugung sagt mir, dass es möglich ist, sich diese Zustände auch länger beizubehalten, dass es möglich ist, aus diesem heraus zu kreieren, auch aus solcher Welt heraus aktiv zu sein. Gerade darum geht es, glaube ich. Die Qualität des Lebens, die aus so einem Liebesgefühl entspringt, ist wahrscheinlich etwas ganz anderes, als wenn man ohne dieses Gefühl tut und agiert. Nur, wenn dieses Gefühl doch eine Illusion sein sollte, ein aus den mentalen Vorstellungen kreiertes Verlangen nach etwas, was nicht echt ist, dann verstehe ich nichts mehr. Das ist meine Verwirrung. Warum sonst sollte es sich entfernen? Warum sonst sollte es sich verlieren? Warum sonst sollte es in mir Verwirrung stiften, wenn es echt wäre? Lernte ich von dir nicht, dass alles Echte, also alles Wahre, Göttliche, keine Verwirrung, keine Angst oder keine Trauer stiftet, sondern umgekehrt: Ruhe und Frieden, Verständnis und Vertrauen zu allem, wie auch zu sich selbst? Irgendetwas stimmt hier nicht. Aber was?*

Meine Liebe, **mit dem Leben bist du nicht zufrieden, weil das nicht das Leben ist, was sich als Leben tarnt** und du weißt es bereits. Du fühlst es. Und so entsteht in dir Verwirrung, weil du gleichzeitig spürst, dass das Leben nicht verschwunden ist, dass es nicht tot ist, dass es nicht irgendwo weit weg, sondern nur einfach hinter dem ist, was sich im Leben „abspielt", das Leben schlecht nachahmt, vorgaukelt. Die Müdigkeit und Verzweiflung verursacht die permanente Jagd nach dem Leben. Das ununterbrochene „sich-aus-dem-auszugraben", was das Leben nicht ist, aber das Leben auf gewisse Art und Weise überdeckt. Ob das Gefühl, was du zuletzt erlebtest, ein echtes war oder nur eine Illusion, eine Verdrehung, eine Projektion – das zu erkennen, ist so etwas wie deine eigene Prüfung. Ihr benennt es gerne so, ich würde eher sagen, es ist dein weiterer Lehrstoff, ein weiterer Schritt zum Selbsterkennen, zur Liebe und zum Leben. Du hast doch darum gebeten :)

Wie kann man als Außenstehende etwas werten, was eine Sache der persönlichen Empfindung und der inneren Welt ist? Wer anderes als jeder Mensch für sich alleine muss es wissen, durchleben, erkennen? Das, was du in diesem Augenblick erkannt hast, ist, dass du zweifelst, dass die Empfindung, das Gefühl noch nicht ganz rein ist und deswegen ist es dir nicht möglich, es als einen reinen natürlichen Zustand beizube-halten. Solange im menschlichen Körper, im menschlichen System noch Zweifel und das Virusprogramm herrschen, so lange ist es einem Menschen nicht möglich, die ganze Zeit über offen zu bleiben. **In der Wahrheit kann man nicht**

**nur mit einem Bein tanzen. In der Wahrheit kann man nicht stehen und in eine andere Richtung schauen. Die Wahrheit ist überall und das was die Wahrheit zu überdecken scheint, existiert in Wirklichkeit nicht. Solange ein Mensch das sieht, was eigentlich nicht existiert, ist er auch dann blind, wenn er glaubt, zu sehen.** Aber er ist nicht verloren, nicht ausgeliefert. Er selbst ist auch dort, wo ein Auge in dem Moment nicht hinschauen kann und wo die Ohren nicht hinhören können. Nur, er weiß es als Mensch noch nicht. Ein göttliches Wesen kann ohne Leben nicht leben. Ein göttliches Wesen kann ohne Liebe nicht leben, aber ein Mensch ist etwas, das sich täglich vorstellt, dass so etwas möglich ist und diese Vorstellung in seinem Inneren wiederholend durchlebt. Warum dem so ist, ist nicht das heutige Thema und auch nicht das Thema dieses Buches. Wir werden dieses Thema auch heute nicht abschließen. Es zeigt eher, in welche Richtung wir uns in unseren zukünftigen Gesprächen bewegen werden.

Was noch für dieses Buch offen bleibt, ist die menschliche Vorstellung vom menschlichen Körper und seiner Funktion. Meine Liebe, du hast dazu noch eine Frage wie ich weiß und ich ersuche dich, sie jetzt zu formulieren.

*Okay. Aber sie zu formulieren, ist nicht einfach. Es geht darum, dass ich jahrelang in der Überzeugung lebte, dass der Körper oder das, wie ein Mensch aussieht, seine Seele, seine*

*Entwicklung spiegelt. Für mich bedeutete es in etwa so viel, dass ich von klein auf bei der Schau in den Spiegel Probleme hatte, weil das Spiegelbild mir alles Mögliche zeigte, nur nicht das, was ich in meinem Inneren spürte, wer oder was ich bin, obwohl ich keine genaue Vorstellung darüber hatte, wie ich aussehen sollte. Und doch mit jeder neuen Frisur, mit jedem neuen Stil, jeder neuen Sportart, durch Abnehmen und was weiß ich durch was alles, habe ich immer gehofft, mich diesem inneren Bild anzunähern. Ich sehnte mich danach, dass ich eines Tages in den Spiegel sehe und mich zumindest im Ansatz endlich selbst erkenne.*

*Dann kam die Zeit der verschiedenen esoterischen und spirituellen Lektüren und Kurse, die mir erneut Hoffnung machten, die mir einredeten, wenn ich mich ausreichend reinige, wenn ich mich ausreichend öffne, wenn ich meinem wahren Ich endlich erlaube, an die Oberfläche zu kommen und mich aufhöre zu verstecken ... dann werde ich mich endlich erblicken. Die Wahrheit ist die, dass ich mich mit jedem meiner Entwicklungsschritte immer weniger in der körperlichen Gestalt erkenne. Und das verwirrt mich. Was ist die Botschaft des Bildes, das mir „meine" Visage spiegelt? Bin ich auf dem falschen Weg? Denke ich nur, dass ich mich weiter entwickle, dass ich lichter, entdichteter, vergeistigter werde? Liege ich da ganz falsch? Was oder wer ist das, der auf mich aus dem Spiegel schaut? Ich? Bin ich nur nicht fähig, es mir zuzugestehen? Kann ich mir selbst nicht ins Gesicht schauen und endlich verstehen: das ist die Wahrheit, das bin ich?*

*Dieses Thema, über das wir zuletzt im Zusammenhang mit dem Cover des Buches und seiner Funktion schon schrieben, machte mir Schwierigkeiten. Zum ersten Mal brachtest du mich hier auf die Idee, dass die menschliche Hülle, also der Körper, gar nicht die Funktion haben muss, das Innere nach außen zu spiegeln. Wie jede Verpackung, hat er in erster Linie eine Schutzfunktion. Was bedeutet, dass dadurch das Innere, das möglicherweise verletzlich ist oder noch an die Verletzlichkeit glaubt, beschützt wird. Das würde bedeuten, dass das, was ich im Spiegel sehe, mir nur die Auskunft darüber gibt, was ich brauche oder wovon ich glaube, dass ich es brauche, damit ich mich „sorglos", ohne mein Inneres zu verletzen oder es Gefahren auszuliefern, bewegen kann.*

*Mit der Buchmetapher möchte ich noch eine zweite Sache erklären: in der heutigen Welt hat so ein Umschlag auch eine Werbefunktion. Er versucht, die in ihm verpackte Ware sichtbar zu machen, zu verkaufen. Aber in meinen Fall habe ich das Gefühl, dass ich eher auf die Antiwerbefunktion eingestellt bin. Ich kann mir vorstellen, dass es Menschen gibt, die an der Oberfläche eine goldene Verzierung haben, die besser die Aufmerksamkeit der Umgebung auf sich lenkt. Solche Menschen können sich bei dem Blick in den Spiegel bewusst werden, was sie bevorzugen, dass andere in ihnen sehen. Dies ist eine gute Möglichkeit für sie, gleichzeitig zu erkennen, wonach sie sich selbst sehnen, was sie für andere möchten und vielleicht auch für sich selbst sein möchten.*

*Die dritte Funktion des Covers, wie wir schon in Deutsch gesprochen haben, ist so etwas wie die Funktion eines Telegramms, das in verkürzter Form über den Inhalt informiert. Dadurch hat ein anderer Mensch die Möglichkeit, sich zu entscheiden, ob er tiefer unter den „Deckel" schaut, ob er die Tür öffnet und eintritt oder nicht. Das ermöglicht den Menschen, die „verbrannte Finger" befürchten, sich im Voraus zu informieren und sich frei zu entscheiden, ob sie näher treten, ob sie sich mit dem Thema und dem Menschen tiefer beschäftigen wollen.*

*Wahrscheinlich im Rahmen des Umschlages, der Verpackung, wirken alle drei Möglichkeiten gleichzeitig, was schon mehr über die komplizierte Mehrschichtigkeit verrät und wie schwierig es ist, das Ergebnis dessen, was in so einer Kombination nach außen wirken soll, optimal zu tunen. Wahrscheinlich kommt noch dazu, dass ein Teil der Wahrheit auch in der ursprünglichen Aussage ist, dass der Körper das Innere widerspiegelt und umso „erleuchteter" der Mensch ist, umso „heller" seine Ausstrahlung. Obwohl, solange ein Mensch das Gefühl hat, dass er eine Verpackung, einen Schutz braucht, um sich zu verkaufen, für sich werben zu können, das spiegelt doch auch seine innere Einstellung, sein menschliches Inneres, seine Gespaltenheit bzw. Zerrissenheit.*

*Wie man sieht, habe ich hier noch lange keine Klarheit. Es kommt mir so vor, als wenn es noch um etwas geht, was ich nicht erwähnt habe. Aber ich kann es nicht wirklich fassen.*

Das Problem ist, dass sich hier zwei Sachen mischen. Eines ist der Körper, das andere ist die Verpackung, also das, was ihr Ausstrahlung nennt.

Der Körper ist neutral und hat eine solche Funktion, wie du darüber teilweise im Buch „Der Mensch und seine Heilung" geschrieben hast; also die Funktion des Wegweisers, der die Richtung zeigt oder den nächste Schritt verrät. Der Körper jedes Menschen ist so beschaffen, wie ihn dieser Mensch für sein Leben, für seine persönlichen Erlebnisse braucht. Der Körper bietet ihm die Möglichkeit, „am eigenen Leib" zu erleben, zu erfahren, nachzufühlen, zu erspüren, zu sehen oder nicht zu sehen, zu schreiten, mit beiden Beinen fest auf dem Boden zu stehen oder zu schweben – also all das, was der Mensch braucht, dass er erkennt und/oder sich heilt. Der Körper ist auch ein Symbol. Dieser spricht zum Menschen in einer, an ihn individuell angepassten Sprache, die er verstehen kann. Wenn ein Mensch zum Beispiel auf Schmerz reagiert, kommuniziert der Körper mit ihm durch die Sprache des Schmerzes oder durch das Fehlen des Schmerzes.

Wie wir schon in unseren ersten Gesprächen in „Das

menschliche Paradoxon"[7] geschrieben haben, funktioniert der menschliche Verstand durch das Vergleichen. Der Mensch versteht auf einer Ebene, ähnlich wie ein Computer, durch das Einordnen, vergleichbar auf dem Prinzip der digitalen Sprache, wo es nur die Begriffe „0" und „1" gibt. So ist im Beispiel der Kommunikation des Körpers mit dem Menschen durch den Schmerz die „1" für Schmerz und „0" für einen Zustand ohne Schmerz. Zwei Kategorien, nach denen sich der Mensch einfach richten kann. Schmerz – das Rot der Ampel, kein Schmerz – es ist grün. Rot – bleib stehen, schau dich um, höre rein, du kannst noch nicht weiter gehen, etwas muss zuerst noch geschehen, etwas musst du zuerst vielleicht erledigen, erkennen. Grün – alles ist in Ordnung, schreite ruhig weiter, du bist auf dem richtigen Weg. Wie ich schon sagte, einer reagiert auf den Schmerz, der andere auf die Sprache der Krankheiten, manche auf die Müdigkeit oder auf den Hunger – es gibt eine Vielzahl von Zuständen, also Kommunikationswegweisern, durch welche der Körper zu seinem Inhaber sprechen und ihn begleiten, führen kann.

Die menschliche Verpackung, die Hülle, also die Ausstrahlung, ist ähnlich wie der Körper, so beschaffen, wie ihn der Mensch in der gewissen Situation braucht, damit er erfährt, was er zu erfahren hat und kennenlernt, was er kennenzulernen hat. Wie du selbst weißt, meine Liebe,

---

7    *BewusstseinsCoaching 1 – Das menschliche Paradoxon*

kann sich diese Ausstrahlung, die ein Mensch als ein Bild nach außen anbietet, im Spiegel sieht, von einem Tag zum anderen, sogar von einer Stunde, gar einer Minute zur anderen ändern. Das hängt damit zusammen, wohin der Mensch eintaucht, welche Rolle er gerade spielt und ob er diese im nächsten Augenblick wechselt. Es ist wie ein Umhang, den er nach Bedarf wechselt. Aber all diese Umhänge haben eines gemeinsam: Sie sind genau an den angepasst, der sie anzieht, auch wenn es manchmal so wirken könnte, als hätte er sich Fremdes übergezogen. Es ist wie im Theater, wo sich ein Schauspieler gerade das Kostüm anzieht, das ihm ermöglicht, so vertrauenswürdig wie möglich die ausgesuchte Rolle zu spielen. Es ist so ein Kostüm, durch das er die Szenerie, die Bühne, nicht stört, die beabsichtigte Illusion nicht irritiert, sondern ergänzt und bestärkt – damit auch seine Kollegen, die Mitspieler, wie auch Zuschauer, Beobachter; also alle gemeinsam das erleben können, warum sie kamen, was sie sehen wollten. Im Prinzip wissen alle, dass es ein Spiel ist und doch jeder Einzelne erlebt individuell das Eigene. Das des Schauspielers und das der Zuschauer, genauso wie auch sein eigenes.

Deswegen kann es sehr irreführend sein, die Ausstrahlung eines Menschen nur anhand eines Augenblicks, einer Begegnung zu werten und zu analysieren. Ein gewisser Mensch arbeitet sein ganzes Leben nur an einem Thema und er wirkt so, dass sich bei ihm nichts ändert, weil er immer das Gleiche (für seine Rolle) braucht. Ein anderer Mensch verschiebt sich fast täglich von einer Bühne zur anderen, was für ihn, seinen Körper, sein Kostüm, sehr anspruchsvoll und zehrend/zerrend sein kann. In so einem Fall ist es nicht einfach, alles perfekt harmonisch aufeinander abzustimmen, damit alle „Coverfunktionen" erfüllt sind, damit die „Verpackung", das Kostüm, unterstützt, anstatt zu stören.

Es ist verständlich, dass sich Menschen Sorgen machen, wenn sie zunehmen, wenn sie kränkeln und sich fragen, warum ihnen von einem Tag, von einer Stunde zur anderen etwas weh tut – aber ist es nicht gerade deswegen, damit sie anhalten und sich genau das fragen: „Warum?", „Was ist?", „Was ist die Ursache?", „Was ist die Botschaft?", „Was soll ich tun, was soll ich verändern?", „Wie kann ich helfen?"

Und auf alles, was sich im Leben eines Menschen tut, ob in ihm oder um ihn herum, gibt es eine universelle Antwort, mit der wir gleich diese Gespräche auch auf unserer slowakischen Seite beenden:

„Alles ist in Ordnung so wie es ist. Alles hat seinen eigenen Sinn. Vertraue, höre zu, erlebe!

Und wie immer wünsche ich einen wundervollen Tag :)

*Aktuelle Informationen zu Seminaren, Workshops und anderen Veranstaltungen der BewusstseinsAkademie®, sowie zu weiteren Büchern, die im Verlag der BewusstseinsAkademie® erschienen sind, finden Sie unter:*

## www.BewusstseinsAkademie.com

*Aktuelle Artikel der Autorin Kristina Hazler sowie Informationen zu Ihrer Beratungs-, Coaching-, Training- und Therapietätigkeit u.a. auch zum Thema Hochsensibilität, Genialität, Aspektologie ... und ganzheitlichen physischen, psychischen und energetischen Konditionsaufbau finden Sie unter:*

## www.KristinaHazler.com

*Bücher der Autorin, aktuelle Textartikel und Ausbildungseinheiten zum Download, finden Sie in unserem online-Shop wo Sie auch Seminare und Beratung direkt buchen können:*

## www.BewusstseinsWelten.com

B
A

Der Mensch und seine Heilung

## Das göttliche Puzzle

ISBN: 978-3-903014-00-8

Mit viel Gefühl und Phantasie führt die Autorin die Leserinnen und Leser mittels bunten Gedankenbildern und anschaulichen Beispielen durch die spannenden Zeilen des Buches und fordert sie auf, aus den eingefahrenen und vorgegebenen Vorstellungen, Überzeugungen und Verhaltensmuster auszusteigen, besser in sich selbst hinein zu hören und sich mehr bewusst zu werden. Akribisch, detailgenau und physisch fast spürbar legt sie den Beweis vor, wie der erste Schritt zur Heilung im eigenen Erkennen liegt.

Eine wahre Geschichte

# Die Heilerin und der Einweihungsweg

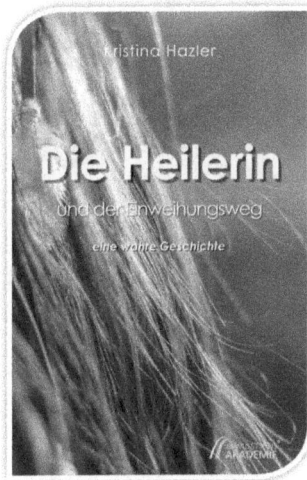

ISBN: 978-3-903014-22-0

Das Buch „Die Heilerin und der Einweihungsweg" beschreibt eine wahre Geschichte mit einem gänzlich subjektiven Inhalt: „Viele Monate verbrachten wir damit, unser Glück mit eingeweihten Methoden zu bemühen. Wir sandten heilende Energien auch in unsere Vergangenheit und unsere frühere Leben um die Blockaden zu lösen, die sich scheinbar „unglücklich" auf unser aktuelles Dasein auswirkten. Aber! ... Unsere Lektionen in der Welt der Wunder und des Wunderns waren noch lange nicht zu Ende."

Erwachen im MenschSein

# Das Experiment

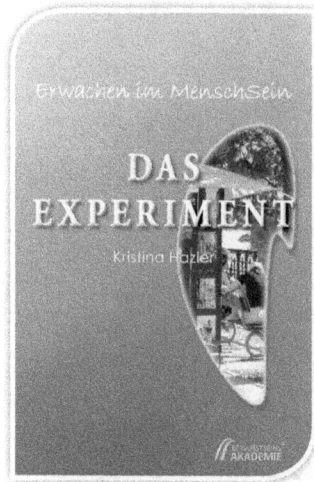

ISBN: 978-3-903014-03-9

„Das Experiment – Erwachen im MenschSein" ist ein aufregender, intensiver und geistig stark fordernder Roman zur Selbsterkenntnis und Selbstfindung mit intuitiven Heilungselementen. Die durch eine Vielzahl von Spannungselementen, plastischen Darstellungen und überraschenden Wendungen geprägte Geschichte eignet sich für den Leser hervorragend als Begleit- und Hilfsmittel zum eigenen Unbewussten und Erkennen des eigenen Ich.

# Das menschliche Paradoxon

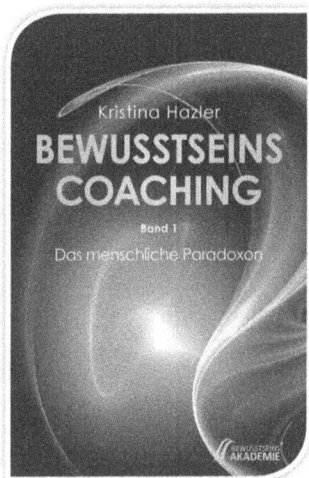

ISBN: 978-3-903014-04-6

Die als Bewusstseinscoach erfolgreiche Autorin beschreibt im Teil 1 der mitreißenden CoachingDialogen sehr persönlich und anschaulich die Möglichkeiten einer bewussteren Erfahrung unseres Selbst und unseres eigenen Lebens. Sie nimmt in ihren Geschichten den Leser mit auf eine packende Reise zum Verstehen und Erkennen des eigenen Ich. Durch eine ganz andere Betrachtungsweise und aus einem völlig veränderten Blickwinkel heraus leistet Kristina Hazler Hilfestellung, die Probleme etwas anders zu betrachten und zu erleben.

BewusstseinsCoaching 2

# Die verkehrte Logik

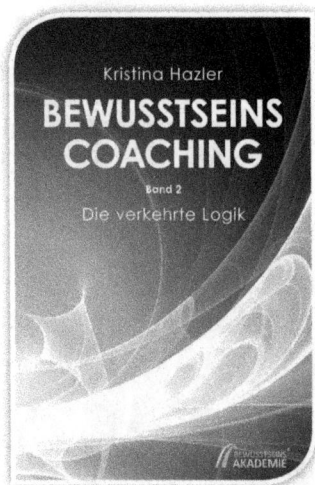

ISBN: 978-3-903014-06-0

Der 2. Teil der aufbauenden Bewusstseins-Coaching-Reihe spricht verschiedene „Virusprogramme" unseres menschlichen Systems an, die wir in unserem Alltag unbewusst als „verkehrte Logik" ausleben und aus ihr heraus eine Art verkehrter Welt um uns herum aufbauen. Der Weg aus dem „Verkehrten", also zurück zu eigener Essenz und dem Natürlichen ist möglich, durch das Erkennen verdrehter Logik in unserem Leben und die Besinnung auf die natürliche, natürlich-logische Welt, die von der verkehrten nur überlagert wird.

BewusstseinsCoaching 3

# Die Kunst der bewussten Wahrnehmung

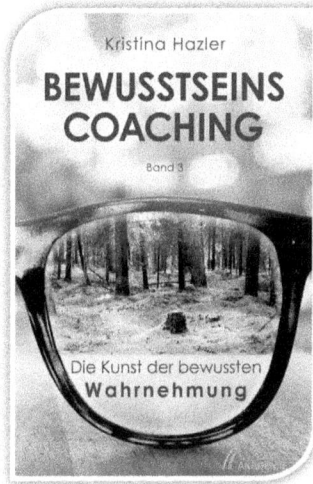

ISBN: 978-3-903014-01-5

Dieses Buch ist der 3. Teil der aufbauenden Bewusstseins-Coaching-Reihe und beleuchtet die „Kunst der bewussten Wahrnehmung", wie auch die vielen „Warum"-Fragen, die in unserem Leben auftauchen. Nach der verkehrten Logik aus dem Band 2 führt dieser Band wieder einige neue Begriffe, wie zum Beispiel den Wissenstransfer, ein und stellt die Technik der Kontrastmittel und der bewussten Wahrnehmung als weitere BewusstseinsInstrumente vor, während er uns nach und nach in einen Zustand begleitet, in dem wir fähig sind, unser eigenes „höheres" Wissen ins Menschliche zu bringen, zu transportieren.

# Grenzgänge I

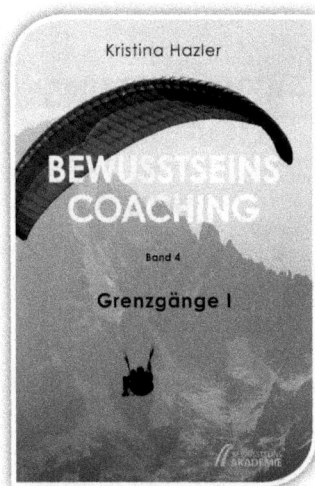

ISBN: 978-3-903014-02-2

Wir leben in der Zeit der geistigen und seelischen Herausforderung. Wir überschreiten täglich unsere persönlichen (Schatten)Grenzen, die uns durch Erziehung und Ausbildung in die Wiege gelegt worden sind. Und doch sollen wir uns immer wieder ein Stück aus dem Geschehen herausnehmen, um kein gejagter und getriebener Grenzgänger zu sein und einen Augenblick in der Liebe zu all den Grenzen, die wir bereits passiert haben, zu verweilen, um uns selbst, dank ihnen, in einem Spiegel der erfolgreich gemeisterten Herausforderungen zu sehen und anzunehmen.

BewusstseinsCoaching 6

# Die innere Instanz

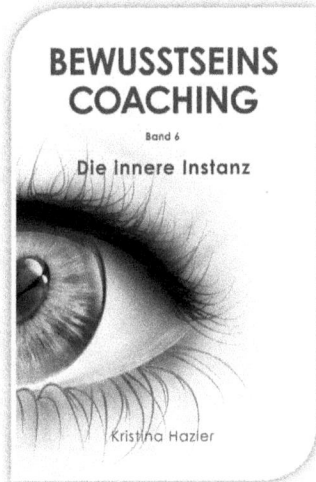

ISBN: 978-3-903014-22-0

Das Lebendige, das Schöpferische hat von sich selbst aus einen
SINN, seinen eigenen Sinn. Es existiert, ist in der eigenen
Sinnhaftigkeit immer und jetzt. Es existiert im Sinn unabhängig
von der verzerrten Wahrnehmung, unabhängig davon, ob es das
Auge erkennt oder nicht. Man braucht dem keinen Sinn zu verlei-
hen. Es ist sinnvoll. Diese ewige, immerwährende Sinnhaftigkeit
erkennt man nicht mit den (bloßen) Augen. Die Sinnhaftigkeit
spürt und lebt man. Man schwingt mit, wenn man sich für die
Sinnhaftigkeit entscheidet, wenn man sich auf sie einlässt.